Rü Kempeli
17.11.92

Zur Frage der Bischofsernennungen in der römisch-katholischen Kirche

D1917217

Schriftenreihe der Katholischen Akademie der Erzdiözese Freiburg
Herausgegeben von Ludwig Wenzler

Gisbert Greshake (Hrsg.)

Zur Frage der Bischofsernennungen in der römisch-katholischen Kirche

Mit Beiträgen von
Richard Potz · Alexander Hollerbach
Harding Meyer · Gisbert Greshake
Eugenio Corecco

Verlag Schnell & Steiner München · Zürich

CIP-Titelaufnahme der Deutschen Bibliothek

Zur Frage der Bischofsernennungen in der römisch-katholischen Kirche / Gisbert Greshake (Hrsg.). Mit Beitr. von Richard Potz ... -
München ; Zürich : Schnell und Steiner, 1991
(Schriftenreihe der Katholischen Akademie der Erzdiözese Freiburg)
ISBN 3-7954-0291-3
NE: Greshake, Gisbert [Hrsg.]; Potz, Richard

Alle Rechte vorbehalten
© 1991 Katholische Akademie Freiburg
und Verlag Schnell & Steiner München · Zürich
Druck: Erhardi Druck GmbH Regensburg
ISBN 3-7954-0291-3

Inhalt

Einführung:

Bischofsbestellungen - eine Problemanzeige

I. Zur gegenwärtigen Situation (1990)

Gezielte Bischofsernennungen sind mindestens seit der Reformationszeit ein probates Mittel Roms, kirchliche Krisensituationen zu bewältigen, nicht genehme Profile von sich allzu eigenwillig »emanzipierenden« Kirchenprovinzen umzuwandeln und zentrifugale Tendenzen von Ortskirchen wieder unter die römische Disziplin zu stellen. Nach dem 2. Vatikanischen Konzil war das bekannteste Beispiel dafür die von Paul VI. betriebene »Politik« der Bischofsernennungen in den Niederlanden[1]: gegen diese allzu progressiv sich gebärdende und dabei deutliche Auflösungserscheinungen zeigende Kirche wurden gezielt traditionelle, ja restaurativ denkende Bischöfe ernannt, ohne daß es deshalb allerdings zu einer »Befriedung« dieser schwierigen Kirche kam. Johannes Paul II. führte diese »Politik« weiter, sowohl in Europa (z. B. in Frankreich: hier wurde bisher mehr als ein Drittel der Bischöfe vom gegenwärtigen Papst ernannt, fast alle unter dem »Vorzeichen« der »Zuverlässigkeit im Sinne Roms in den umstrittenen moraltheologischen Fragen«[2]) als auch in Südamerika (z. B. in Peru, wo als Kontrapunkt gegen die »Pastoral der Befreiung« bei den letzten sechs Bischofsernennungen Mitglieder oder Nahestehende des Opus Dei gekürt wurden).

---

[1] Siehe dazu R. Auwerda: Bischofsernennungen in den Niederlanden nach dem Zweiten Vatikanischen Konzil, in: *Concilium* 16 (1980) 525-529.

[2] K. Nientiedt: Frankreich. Unmut über Bischofsernennungen, in: *Herder-Korrespondenz* 42 (1988) 110-112, hier: 111.

Diese Vorgänge berührten zunächst den deutschsprachigen Raum nicht sehr stark[3], vermutlich weil sie sich bewußtseinsmäßig in einiger Entfernung abspielten. Deshalb wurde hier auch lange die überkommene Weise der Bischofsernennungen, bei der Rom den entscheidenden Part spielt, kaum problematisiert oder in Frage gestellt.

Das wurde schlagartig etwa ab dem Jahr 1986 anders, da als Nachfolger des prominenten, weitblickenden und dialogoffenen Kardinals Franz König der Benediktinerpater Hermann Groer zum Erzbischof von Wien ernannt wurde, - »eine faustdicke Überraschung«, weil in dessen Person und bisheriger Lebensgeschichte »wenig auf die Bestimmung für ein hohes kirchliches Amt hinweist«[4]. Dabei richteten sich die Einwände zunächst nicht einmal gegen die Person des Neuernannten, sondern gegen die Vorgangsweise seiner Bestellung. Der österreichische Nuntius hatte bei ca. 2000 Priestern und Laien brieflich um schriftliche Vorschläge für geeignete Kandidaten angesucht, dabei aber - wie man durch gezielte Nachforschungen herausbrachte - das tatsächliche Ergebnis des Rücklaufs *überhaupt nicht* berücksichtigt. Man kam sich buchstäblich »an der Nase herumgeführt« vor. Ebenso wurden Vorschläge österreichischer Bischöfe übergangen. Schon bald vermutete man als Grund, daß der Papst den bisherigen Kurs der österreichischen Kirche mißbillige - immerhin hatten die österreichischen Bischöfe noch im Jahre 1980 anders als die deutschen ihre weitherzige Interpretation der umstrittenen Aussagen von »Humanae vitae« über die Empfängnisregelung wiederholt - und daß er durch gezielte Bischofsernennungen einen »Kurswechsel« erreichen wolle. Diese Mutmaßung bestätigte sich durch die erstmalige Ernennung eines eigenen Militärbischofs (für m. W. ganze 14 Pfarrer in einem nicht sehr vom Militär bestimmten Land!), der in der Person von Alfred

---

[3] Das Thema einer Neuordnung der Bischofsernennungen wurde hier zunächst innerhalb der Theologie diskutiert. Siehe dazu z. B. ein Heft der *Theologischen Quartalschrift* (149 [1969] 166ff), das unter verschiedenen Gesichtspunkten eine Mitentscheidung des Volkes Gottes einforderte. Ebenso befaßten sich einige Nummern der Zeitschrift *Concilium* (1971, 1972, 1980) mit diesem Thema.

[4] D. Seeber: Kontrapunkt, in: *Herder-Korrespondenz* 40 (1986) 352.

Kostelecky auf der gleichen Linie wie der neue Wiener Erzbischof lag. Und noch einmal mehr fand die Vermutung Bestätigung durch die Ernennung von Prof. Dr. Kurt Krenn zum Weihbischof in Wien. Da dessen theologische und kirchenpolitische Positionen bei vielen bereits hinlänglich bekannt waren - die Wiener »Wochenpresse« überschrieb später eine Titelgeschichte über ihn mit »Der Großinquisitor«[5] -, erhob sich vor und bei seiner Weihe ein für die österreichische Mentalität geradezu unerhörter Protest.

»Vor Beginn der Weihehandlung verließen zahlreiche Menschen den Dom mit verklebtem Mund, um damit zu verdeutlichen, daß der Ortskirche bei dieser Weihe durch den Vatikan keine Stimme eingeräumt wurde. Dann machten Angehörige der Katholischen Jugend den Versuch, Krenn am Betreten des Gotteshauses zu hindern. Nur mit Hilfe eines Polizeioffiziers am Arm und zweier ziviler Leibwächter gelang es ihm, in vollem Ornat über die Leiber der Protestierenden hinweg in das Innere des Doms zu gelangen.« Der bekannte Spiritual Heinrich Spaemann, der in einer Leserzuschrift an »Christ in der Gegenwart«[6] diese Pressemeldung zitiert, fügt dann an: »Nur mit Erschrecken kann ein Christ dieses lesen«. Sodann fragt er in einer Art »fiktiver Träumerei«, warum Krenn in dieser Situation den Jugendlichen, wenn diese wirklich bei ihrem Protest geblieben wären, nicht gesagt habe (u.a.): »Möge bitte einer von euch drinnen im Dom an den Ambo treten und den Wartenden sagen, daß ich nicht bereit war, über euch wegzusteigen, und mich darum entfernt habe. Ich werde veranlassen, daß ich dann anderswo, in der Stille geweiht werde, womöglich heute noch - mich wollt ihr nicht, aber eine Bischofsweihe soll nicht Anlaß zu Unfrieden unter Christen sein.«

Spaemann schließt seine Zuschrift mit den Worten ab: »Es mag sein, daß Bischof Krenn die Geistesgegenwart fehlte, um der Situation auf eine Weise zu begegnen, wie es dem Nachfolger Jesu und den von Kreuz und Hirte handelnden Texten der Bischofsweihe entsprochen hätte. Tief schmerzlich bleibt, daß der Geist des Evangeliums in ihm und anderen Beteiligten nicht eine Hemmschwelle bildete, die eine derartige Demonstration von Macht verhinderte. Es war eine düstere Stunde in der Geschichte der Kirche.«

Leider erwiesen sich die Befürchtungen hinsichtlich der Bestellung von Weihbischof Krenn als schlimmer denn erwar-

---

[5] Nr. 32 (11. August 1989).

[6] 39 (1987) 167.

tet. Daß viele seiner »Aktivitäten» nicht ohne grundsätzliche Billigung von Rom erfolgten, wurde beim Ad-limina-Besuch der österreichischen Bischöfe 1987 deutlich, wo der Papst in seiner Ansprache ganz unverblümt jene Elemente nannte, für die er die österreichischen Bischöfe in Verantwortung nehmen wollte: Gültigkeit der Normen von »Humanae vitae«, Nein der Kirche zum Sakramentenempfang wiederverheirateter Geschiedener, Überwachung des Religionsunterrichts, peinlich genaues Einhalten der liturgischen Normen u. dgl. All dies führte innerösterreichisch nicht nur zum Anwachsen gegenseitigen Mißtrauens sowie öffentlicher (oder versteckter) Anklagen, sondern auch zu einer tiefgreifenden Spaltung der Gläubigen.

Zwei weitere Bischofsernennungen im Jahre 1988, die für Feldkirch (Klaus Küng vom Opus Dei) und für Salzburg (Georg Eder, ein als Ultrakonservativer bekannter Pfarrer[7]) bestätigen nochmals, was E. Recktenwald von der Petrus-Bruderschaft in einem publizierten Interview so formulierte: »Der Streit um die Bischofsernennungen des Papstes ist ja nur der äußere Anlaß. In Wirklichkeit geht es um Fragen der Moral, also um inhaltliche Positionen, die der Papst durch Ernennung treuer Bischöfe durchsetzen will und gegen die eine Reihe von Theologen mit allen Mitteln Widerstand leistet.«[8] Tatsächlich halfen die massiven, von zahlreichen Kirchenaustritten begleiteten Proteste wenig, so wenig wie Gesprächsersuchen öster-

7 Dieser schwor bei seiner Weihe einen Eid, der nach meinem Wissensstand überhaupt nicht mehr vorgeschrieben ist. Er lautete: »Ich will die Rechte und Autorität des römischen Papstes verteidigen; ebenso auch die Vorrechte der päpstlichen Legaten und Verwalter. Was aber von jemandem dagegen unternommen wird, will ich dem obersten Hirten aufrichtig melden« (*KathPress* v. 27.2.1989, 11). J. Kremer: Viele »Kirchen« - eine »Kirche«. Biblische Aussagen und ihre frühchristliche Wirkungsgeschichte (unter besonderer Berücksichtigung von Mt 16,17-19), in: F. Kard. König (Hg.): *Zentralismus statt Kollegialität?* Düsseldorf 1990, 49 fragt zu Recht, ob ein solcher Eid, der mindestens in die Nähe eines Denunziantentums kommt, »noch in Einklang mit Bibel und Tradition« steht.

8 E. Recktenwald: Interview, in: *Das Abenteuer des Glaubens. Zur Situation der Kirche in unserer Zeit*, Münster o. J., 7.

reichischer Bischöfe und Domkapitulare beim Nuntius und in Rom.[9]

Ähnliche Erfahrungen mit diesem Stil von Bischofsernennungen mußte die Kirche der Schweiz machen. Nachdem schon die Ernennung von Bischof E. Corecco (»Comunione e Liberazione«) von manchen als Kritik an der Schweizer pastoralen und theologischen Entwicklung verstanden wurde, gingen die Wogen hoch gegen die am 8. April 1988 bekanntgewordene Ernennung von Wolfgang Haas zum Koadjutor des Bistums Chur, und zwar vor allem wegen des von Rom eingeschlagenen Verfahrens.[10] Bis 1948 nämlich besaß das Churer Domkapitel ein ziemlich weitgehendes, ununterbrochen geübtes und bestätigtes Gewohnheitsrecht der Bischofswahl, das dann jedoch auf die Wahl aus einer vom Papst vorgeschlagenen Dreierliste eingeschränkt wurde. Doch selbst dieses verbriefte Recht wurde nun durch die ohne Wahl vor sich gehende Ernennung von Bischof Haas zum Koadjutor bereits das zweite Mal umgangen. Hinzu kam als Gegenstand der Kritik die persönliche Einstellung des Ernannten, der »vorbehaltlos für die kirchenamtlichen Positionen in umstrittenen Lehrfragen einsteht« und dem man mangelnde seelsorgerliche Erfahrung vorwarf.[11] Bei der Weihe, die übrigens ohne offizielle Ernennungsurkunde erfolgte, kam es zu ähnlichen Protesten wie im Falle Krenn. Und bis heute lehnt es eine Reihe von Gemeinden ab, den neuen Bischof zu empfangen, und weigern sich Laien, von ihm das Sakrament der Firmung gespendet zu bekommen. Wollte - wie man hört - der Kanton Schwyz ursprünglich wegen des Verfahrensmodus

---

[9] Einzelheiten über die Besetzung der beiden österreichischen Bischofssitze siehe in: G. Hartmann: *Der Bischof. Seine Wahl und Ernennung. Geschichte und Aktualität*, Graz-Wien-Köln 1990, 161-174. Hartmann weist u.a. darauf hin, daß im Falle Salzburgs und Feldkirchs die österreichischen Bischöfe ihrem nach Art. IV ÖStK verbrieften Recht, dem Heiligen Stuhl Listen von geeigneten Kandidaten zu übersenden, wegen Fristverletzung nicht nachkommen konnten (172f.).

[10] Einzelheiten dazu bei G. Hartmann, a.a.O. 175-196.

[11] R. Weibel: Ungefragt. Die Ernennung eines Koadjutors für das Bistum Chur, in: *Herder-Korrespondenz* 42 (1988) 215.

beim Haager Gerichtshof gegen den Heiligen Stuhl klagen[12], so stellte sich bald heraus, daß dieser den entsprechenden Konventionen nicht beigetreten und somit nicht zu belangen war.

Warfen diese Vorgänge bei Bischofsernennungen in den Nachbarländern schon ihre Schatten in die Bundesrepublik voraus, so kam der eigentliche Konflikt erst 1989 im Zusammenhang mit der Besetzung des Kölner Bischofssitzes zum Tragen.[13] Hier erreichte keiner der drei Kandidaten der römischen Liste die von der Satzung des Domkapitels vorgesehene Zwei-Drittel-Mehrheit (offenbar weil keiner der drei auf der römischen Liste Genannten den Vorstellungen des Domkapitels entsprach). Trotz massiver Interventionen von kirchlichen bis hin zu höchsten staatlichen Stellen bestand aber der Papst darauf, seinen Willen durchzusetzen und den Berliner Erzbischof Kardinal Meissner nach Köln zu transferieren. Eine Satzungsändeung des Domkapitels machte dies schließlich möglich. Die Irritationen und Turbulenzen in der Öffentlichkeit jedoch waren gewaltig und haben eine nachhaltige Wirkung (Vertrauensverlust, Polarisierung, antirömische Affekte, Kirchenaustritte).

Bei all diesen Vorgängen rund um Bischofsernennungen ging es nicht darum, daß Rom gegen Kirchenrechts- oder Konkordatsbestimmungen eindeutig und formell verstoßen oder gegenüber früher einen neuen Modus eingeschlagen hätte.[14] Das Problem liegt tiefer.

Es tut sich hier - so David Seeber - »ein Abgrund von Gesprächsunwilligkeit auf: nicht in den Ortskirchen, sondern bei den Nuntien, in den römischen Dikasterien und beim Papst persönlich. Domkapitel und zu-

---

[12] Immerhin kam der Regierungsrat am 10. Mai 1988 (Beschluß Nr. 798) zu der Erkenntnis, daß mit der Ernennung staatsvertragliche Abmachungen verletzt wurden. Siehe dazu G. Hartmann, a.a.O. 186f.

[13] Einzelheiten dazu bei G. Hartmann, a.a.O. 124-160.

[14] Allerdings kommt G. Hartmann, a.a.O. 210, in seiner eingehenden Studie zum Ergebnis: »In den angesprochenen konkreten Fällen, nämlich Köln, Österreich und zum Teil auch Chur, konnte nachgewiesen werden, daß der Heilige Stuhl bis an den Rand einer Konkordatsverletzung gegangen ist oder eine solche sogar begangen hat. Ob das unbewußt, fahrlässig oder bewußt geschehen ist, kann natürlich derzeit mit seriösen Argumenten nicht nachgewiesen werden ...«

ständige Bischöfe erstellen nach ebenso sorgfältiger wie unauffälliger Erkundung ihre Kandidatenvorschläge, diese gehen über die Nuntiaturen nach Rom, aber keiner der Vorschläge kommt auf der zur Wahl gestellten päpstlichen Liste zum Zuge. ... Gesprächsersuchen finden beim Nuntius kein Gehör, 'privaten' Sondierungen in Rom - so im Fall Salzburg - folgt eine 'Bittschrift' mit dem Ersuchen um ein offizielles Gespräch. Aber daraus wird nichts. Hochgestellte Vermittler in letzter Sekunde erhalten in Rom keinen Termin. Im Falle von Feldkirch hat der Papst bei seinem Besuch in Innsbruck keine Zeit, mit dem mitveranstaltenden Nachbarbischof zu sprechen. Ein darauf nach Rom gesandter Brief des Bischofs mit eigenen Vorschlägen blieb ohne Echo. ... [Kurz, bei all dem zeigt sich] eine ebenso schroffe wie uneinfühlsame Mißachtung der Orts- und Teilkirchen in ihrem Verhältnis zur Gesamtkirche, obwohl es in 'Lumen Gentium' (Nr. 23) heißt, sie seien 'nach dem Bild der Gesamtkirche gestaltet' und: 'in ihnen und aus ihnen besteht die eine und einzige Katholische Kirche'. Weder die jeweils orts- und zeitbedingten Bedürfnisse noch der in den Teilkirchen versammelte Glaubenssinn und seelsorgliche Sachverstand scheinen im Falle zentralkirchlicher Personalentscheidungen gegenwärtig etwas zu bedeuten. Was zählt, ist allein der päpstliche Wille und was sich in den diversen kurialen Erkundungsverfahren als solcher herauskristallisiert.«[15]

Anders gesagt: Der eigentliche Hintergrund in dieser konflikthaften Situation ist die Frage nach der theologischen Kirchenstruktur: nach dem Verhältnis von Universal- und Ortskirche, von päpstlicher und bischöflicher Kompetenz, von amtlichen und laikalen Befugnissen. Oder - kürzer - es ist die Frage nach Stellenwert und Bedeutung der Partizipation *aller* kirchlichen Instanzen und Kräfte bei einem so wichtigen Vorgang wie dem einer Bestellung in das kirchenleitende Amt.

Auf dem Hintergrund dieser aktuellen kirchlichen Situation veranstaltete die Katholische Akademie Freiburg am 18./19. November 1989 eine Tagung mit dem Thema: Zur Frage der Bischofsernennungen in der römisch-katholischen Kirche.

---

[15] D. Seeber: Strategien. Nachgedanken zu drei Bischofsernennungen, in: *Herder-Korrespondenz* 43 (1989) 52.

II. Die Beiträge dieses Bandes

Die Tagung sollte zunächst einmal informieren über die Geschichte der Bischofernennungen und die geschichtlich treibenden Kräfte, die dahin führten, daß es überhaupt zu exklusiv vom Papst durchgeführten Bischofsbestellungen kam. Dann aber waren auch weiterführende Perspektiven aufzuzeigen, unter denen ein künftiges, besser austariertes Kirchenrecht in Theorie und Praxis die verschiedenen theologischen Momente, die bei einer Bischofsbestellung ins Spiel kommen, integrieren könnte.

Der erste Beitrag von Richard Potz, Wien, »Bischofsernennungen. Stationen, die zum heutigen Zustand geführt haben«, gibt einen informativen Problemabriß zur Geschichte der Bischofsernennungen. Sein Schlußurteil: »Regelungen, die die Aufgabe hatten, die Freiheit der kirchlichen Selbstbestimmung vor staatlichen Eingriffen im Bereich der Ämterbesetzung zu schützen, [wurden] ... undifferenziert auf die Abwehr der Partizipation des Volkes Gottes übertragen. Damit wird aber die zentrale Aufgabe auch des Kirchenrechts verkehrt, weil strukturelle Schwächen nicht ausgeglichen, sondern verstärkt werden, wenn nicht die Kirche vor der Anmaßung des Staates geschützt wird, sondern kurialer Zentralismus vor der Partizipation der Gläubigen«, gibt zu denken.

Der zweite Beitrag von Alexander Hollerbach bietet einen ungemein materialreichen Durchblick durch die staatsrechtlichen Bezüge, in denen seit dem Napoleonischen Konkordat die Berufung in das Amt des katholischen Bischofs steht. Eben weil Staat und Kirche gemeinsame Interessenfelder haben, gibt es konkordatäre Regeln auch für die Weisen der Mitwirkung des Staates bei der Bischofsernennung. »Wenn man auf der einen Seite erkennt, daß sittlich-religiöse Überzeugungen und Haltungen zu den Voraussetzungen gehören, von denen der freiheitliche Staat lebt, und man daraus eine Rechtfertigung für staatliche Leistungen und Gewährleistungen zugunsten der Kirchen herleitet, dann darf man auf der andern Seite dem

Staat auch nicht verwehren, sich gegenüber den Kirchen zur Geltung zu bringen, wo es um die Wahrung seiner Identität geht, die ihrerseits Voraussetzung dafür ist, daß er seine Aufgaben als Garant der Freiheit, auch der kirchlichen Freiheit, erfüllt.« Diese Schlußfolgerung dürfte aber auch die Konsequenzen für das innerkirchliche Ernennungsverfahren haben, insofern es vorrangig die »Partikularkirche« und nicht die »Universalkirche« ist, die mit der jeweiligen Gesellschaft zu kooperieren hat.

Der dritte Beitrag von Harding Meyer, Straßburg, »Das kirchenleitende Amt, insbesondere das Bischofsamt im evangelisch-lutherisch/römisch-katholischen Dialog heute«, weitet den Blick über die innerkatholische Problematik hinaus auf Stellung und Bedeutung des Bischofsamtes in der evangelisch-lutherischen Kirche. Hier wird über die Problematik der Amtseinsetzung hinaus vor allem die Frage nach einer möglichen gegenseitigen Anerkennung des kirchenleitenden Amtes thematisiert.

Der vierte Beitrag, »Bischofsernennungen im Lichte einer Theologie des kirchlichen Amtes und einer Communio-Ekklesiologie«, versucht die Geschichte der Bischofsernennungen auf dem Hintergrund der Amtstheologie mit ihren sich wandelnden Akzentuierungen und der westlichen, unter pneumatologischem Defizit stehenden Ekklesiologie zu begreifen. Aus der erinnerten Geschichte als einer Art »gefährlicher Erinnerung« werden sodann Folgerungen für eine mögliche künftige Praxis gezogen.

Der fünfte Beitrag von Bischof Eugenio Corecco, »Amt und Charisma in der Verfassung der Kirche«, öffnet schließlich das eingegrenzte Thema der Bischofsernennungen auf das umgreifende Gefüge der kirchlichen Verfassung überhaupt, in der »das Charisma die ekklesiologisch wichtige Rolle innehat, Scharnier zwischen Verfassung und Institution zu sein«. Das hat zur Folge, daß die in den Charismen des Hl. Geistes gründende Communio sich als »der kirchlichen 'potestas' des geweihten Amtsträgers vorangehend und nachfolgend zugleich« darstellt. Auch ohne daraus ausdrückliche Konsequenzen für die Bischofsbestellung zu ziehen, scheint damit ein grundsätzlicher Ansatz auch für eine neue diesbezügliche Praxis gegeben zu sein.

So bietet der vorliegende Band - wie ich hoffe - ein buntes Mosaik von Informationen und Anregungen, die weit über den situativen Anlaß der Tagung hinausweisen.

Gisbert Greshake

Richard Potz

Bischofsernennungen

Stationen, die zum heutigen Zustand geführt haben

I. Vorbemerkung

Die modernen Rechtshistoriker, an zeitgenössischen - vor allem kontinentaleuropäischen - Rechtsordnungen geschult, können sich beim Umgang mit Normen anderer Rechtskulturen nur schwer von ihren Vorstellungen von der Positivität des Rechts lösen. Zu diesen gehört ein Geltungsbegriff, der sich am Ideal der lückenlosen Erfassung von Sachverhalten durch allgemeine, in ein widerspruchsloses System eingebettete Normen orientiert. Die verwirrende Vielfalt einander überlagernder, oft auch widersprüchlicher, aber immer wieder fortgeschriebener Regelungen in früheren Rechtskulturen verleitet moderne Juristen zu allerlei Systematisierungsversuchen. Neuzeitliche Promulgations- und Derogationsregeln, Konstruktionen von Normhierarchien sollen dabei helfen. Das heißt also, daß wir unser Verständnis von der Positivität des Rechts, von seiner Geltung und seiner Effektivität, vom Verhältnis des Regelungsprogrammes zum Anwendungsbereich nicht unkritisch auf andere Rechtskulturen übertragen können, selbst dann, wenn diese Teile unserer Rechtstradition sind.

Wie jüngste Arbeiten zum römischen und byzantinischen Recht - also jenen Rechtsordnungen, aus denen auch das Kirchenrecht herauswuchs - zeigen, bedarf unsere Bewertung historischer Rechte einiger bedeutsamer Korrekturen.[1] Gleich-

---

[1] Vgl. W. Selb: Gedanken zur römischen »lex imperfecta« und zu modernen Normvorstellungen in der Rechtsgeschichte, in: *Festschrift für Heinz Hübner zum 70. Geburtstag am 7. November 1984*, hg. von G. Baumgärtel/M. J. Becker/E. Klingmüller/A. Wacke, Berlin-New York 1984, 253-261; P. Pieler: Byzantinische Rechtsliteratur, in: *Die hochsprachliche profane Literatur der Byzantiner*, hg. von H. Hunger (Handbuch der Altertumswissenschaft; Abt. 12, Teil 5, Bd. 2), München 1978, 343-480.

wohl blieb die historische Kanonistik von diesen historischen und rechtshistorischen Forschungsergebnissen relativ unberührt. Zu verführerisch scheint für die Kanonisten, die zu lange die Geschichte des Kirchenrechts primär aus dem Blickwinkel der Entfaltung neuzeitlichen päpstlichen Gesetzesrechtes gesehen haben, die Kontinuität konziliarer und päpstlicher Normsetzungsautorität und die häufig festzustellende kontinuierliche Geltungsgeschichte einzelner Normen. Bei der Erörterung von alten Rechtsquellen, seien es Konzils- und Synodalbeschlüsse des 1. Jahrtausends, seien es päpstliche Dekretalen, wird meist stillschweigend und unkritisch der Maßstab des spätneuzeitlichen kodifizierten Kirchenrechts angelegt, obwohl sie dem Fallrecht oder rechtspolitischen Programmen näherstehen.

Die Transformierung vorneuzeitlichen Normverständnisses setzt bei der Trennung von ius divinum und ius humanum seitens der Kanonistik im 13. Jahrhundert ein, die so den päpstlichen Gesetzgebungsanspruch untermauert. Damit wurde ein Prozeß eingeleitet, der erst im 19. Jahrhundert seinen Abschluß fand.[2] Nach dem Aufbrechen der im geschlossenen Weltbild des ordo-Denkens verankerten Basis mittelalterlichen Rechts wird den positiven Normen die legitimierende Grundlage im ius divinum entzogen. Das positive Recht ist nicht mehr in eine vorgegebene Ordnung eingebettet, sondern es muß seinerseits zum Instrument einer aufgegebenen Ordnung werden. Die solcherart entstehende prekäre Situation für die Geltung des Rechts überwindet der neuzeitliche Gesetzgeber nach dem Grundsatz 'auctoritas non veritas facit legem'. Die Folge war zunächst die Betonung des Sanktionsteiles der Normen und die Notwendigkeit der konsequenten Durchsetzung. Andererseits führte diese Sicht nicht nur zur Trennung von Sein und Sollen, sondern auch zur Ablösung der Effektivität

---

[2] S. Gagner: *Studien zur Ideengeschichte der Gesetzgebung*, Uppsala 1960, 107: Erst »im Namen des aufgeklärten Despotismus, im Namen der Revolution, im Namen des Liberalismus gewann ... staatliche Gesetzgebung die überragende Gestalt, die uns heutzutage vertraut ist«.

von einem normativen Geltungsbegriff und damit zu dem im 19. und 20. Jahrhundert dominierenden Normverständnis.

Das kirchliche Recht, das wichtige Anstöße zu dieser Entwicklung gegeben hatte, vollzog zu Beginn der Neuzeit die voluntaristische Wende und geriet in die Sogwirkung der neuzeitlichen Ausformung des Rechts, bis es im 20. Jahrhundert dem starken Einfluß des Gesetzespositivismus nahezu erlag.[3] Dieser vom jeweiligen Rechtsverständnis bestimmte Hintergrund muß bei der folgenden Darstellung ausgewählter Stationen des Bischofsbestellungsrechtes als historische Dreiecksgeschichte von ortskirchlicher Selbstbestimmung, gesamtkirchlicher Steuerung und weltlich-politischer Anmaßung im Auge behalten werden.

---

[3] Vgl. dazu R. Potz: *Die Geltung kirchenrechtlicher Normen*, Wien 1978, 113ff. Auf diesem rechtstheoretischen Boden wachsen auch jene kirchenrechtlichen Argumente, die sich nicht zuletzt im Zusammenhang mit der Diskussion um die Bischofsbestellungen zunehmender Beliebtheit erfreuen. Ich denke dabei an den Hinweis, daß bei den Bischofsbestellungen Kirchenrecht und Konkordat ohnehin genau im Sinne formaler Richtigkeit eingehalten wurden. Aber es geht letzten Endes nicht nur um die historische Relativierung dieses spätneuzeitlichen Rechtsverständnisses, sondern auch darum, daß in dieser Argumentation ein für den Umgang mit dem Recht in der Kirche völlig unpassender advokatorischer Zynismus durchscheint.

II. Stationen der Rechtsentwicklung[4]

1. Station : Der Anfang - Die Wahl durch Klerus und Volk[5]

Die nach dem Ausbleiben der Parusie sich auf dem Boden neutestamentlichen Gemeindehandelns ausbildende Praxis der Kirche hinsichtlich der - immer mehr in das Zentrum rückenden - Bischofsbestellung bestand in der Wahl durch Klerus und Volk: »Man ordiniere zum Bischof den, der vom ganzen Volk erwählt worden ist. Mit der Zustimmung aller mögen ihm die Bischöfe die Hand auflegen, während das Presbyterium assistiert, ohne sich an der Zeremonie zu beteiligen« (Anfang 3. Jhdt.: Hippolyt, Traditio Apostolica, 2. Die Bischöfe). Wir haben trotz der Verwendung juristischer Terminologie - so etwa bei Cyprian (Ep. 67): »suffragium« des Volkes, »testimonium« der Kleriker - kein festgeschriebenes Verfahren mit Gültigkeitsvoraussetzungen vor uns, sondern gelebte Tradition.

---

4 Lit.: J. Bauer: Die Bischofswahl, gestern, heute, morgen, in: *Theologisch-praktische Quartalschrift* 129 (1981) 248-261; G. Ebers: *Das Devolutionsrecht vornehmlich nach Katholischem Kirchenrecht* (Kirchenrechtliche Abhandlungen; Bd. 37/38), Stuttgart 1906; H.E. Feine: *Kirchliche Rechtsgeschichte*, Bd. 1: *Die Katholische Kirche*, Köln-Graz ^{4}1972; J. Gaudemet: *Les élections dans l'Eglise latine des origines au XVIe siecle*, Paris 1979; P. Granfield: Der »sensus fidelium« und die Ernennung eines Bischofs, in: *Concilium* 16 (1980) 483-492; P. Hinschius: *Kirchenrecht*, Bd. 2, Berlin 1878, 512-704; R. Kottje/Th. Risse: *Wahlrecht für das Gottesvolk?* Düsseldorf 1969; A. Parsons: *Canonical Elections. A historical Synopsis and Commentary* (Canon Law Studies; No. 118) Washington 1939; W.M. Plöchl: *Geschichte des Kirchenrechts*, 5 Bde., Wien 1959-1969; J. Remy: Die Beteiligung des Gottesvolkes an der Wahl und der Ernennung eines Bischofs, in: *Concilium* 16 (1980) 507-514.

5 Lit.: G. Bartelink: »Electio« und »consensus« im christlichen Sprachgebrauch bis etwa 600, in: *Concilium* 8 (1972) 556-559; F.X. Funk: *Bischofswahlen im christlichen Altertum und im Anfang des Mittelalters. Kirchengeschichtliche Abhandlungen und Untersuchungen*, Bd. I, Paderborn 1897, 23ff; H.-M. Legrand: Der theologische Sinn der Bischofswahl nach ihrem Verlauf in der alten Kirche, in: *Concilium* 8 (1972) 494-500; R. Schnackenburg: Die Mitwirkung der Gemeinde durch Konsens und Wahl im Neuen Testament, in: *Concilium* 8 (1972) 484-489; P. Stockmeier: Die Wahl des Bischofs durch Klerus und Volk in der frühen Kirche, in: *Concilium* 16 (1980) 463-467.

Diese Tradition wurde durch eine Vielzahl von meist synodalen Entscheidungen zur Lösung konkreter Probleme weitergebildet und erfuhr so punktuell eine gewisse Verrechtlichung durch Reaktionen auf außerordentliche Gegebenheiten, meist zur Abwendung von Mißbräuchen. Dafür einige Beispiele:

- Seit dem 4. Jahrhundert bestand angesichts kirchlicher Streitigkeiten nicht nur ein unmittelbares kirchliches Interesse an der Einheit der Communio ecclesiarum, sondern auch seitens der politischen Macht. Daher wurde die Mitwirkung mehrerer Nachbarbischöfe an der Ordination verlangt, ihr Handeln verdichtete sich zu einem - juristisch deutbaren - Akt der Bestätigung (c. 20 Arles 314, c. 4 Nikaia 325, c. 19 Antiochien 341, c. 6 Sardika 343).
- Mit der Durchbildung der Provinzialverfassung wird die Notwendigkeit der Bestätigung des Gewählten durch den Metropoliten betont, der auch bei Doppelwahlen entscheidet: c. 4 Nikaia 325, dessen Bestimmung auf den folgenden Synoden immer wieder eingeschärft wird.
- Es konnte auch geschehen, daß der gewählte Bischof vom Volk seiner Diözese nicht angenommen wurde. In diesem Fall konnte er in seinem ursprünglichen Presbyterium verbleiben und seine Würde behalten, solange durch ihn keine Unruhe verursacht würde (c. 18 Ankyra 314; c. 18 Antiochien 341; 35. Apostol. Kanon ca. 400). Diese Sicht gipfelt im Satz Papst Cölestins I.: »Nullus invitis detur episcopus.«[6] Dies hatte die klare Konsequenz: »Die Bischöfe müssen von ihrer Kirche akzeptiert werden und nicht umgekehrt: Nie appelliert man an den christlichen Gehorsam des Volkes, damit dieses einen ihm nicht genehmen Bischof annimmt.«[7]
- Man wandte sich besonders auch gegen die Designation des Nachfolgers durch den einzelnen Bischof (c. 23 Antiochien

---

[6] Epist. 4 ad episc. Vienn. et Narbon. c. 4,5. Charakteristischer Weise wird aus demselben Brief später der nicht im unmittelbaren Zusammenhang mit Bischofswahlen stehende Satz »Docendus est populus non sequendus« zitiert. Vgl. Decretum Gratiani D. 63, c. 26.

[7] H.-M. Legrand, a.a.O. 498.

341), ebenso wird die Erbfolge im Bischofsamt bekämpft (76. Apostol. Kanon ca. 400).

Im Westen differenzierte Papst Leo I. zwar zwischen den Vornehmen und dem Volk, aber die Wahl unter Beteiligung des gesamten Volkes blieb die Regel. In diesem Sinne enthält ein Brief des Papstes an die Bischöfe von Vienne aus 445 (Ep. 10, c. 6) auch die berühmte Formel: »Wer an der Spitze von allen ist, soll auch von allen gewählt werden.«

Anders im Osten, wo - nachdem c. 13 der als Synode von Laodikeia in die Tradition eingegangenen Kanonessammlung aus der 2. Hälfte des 4. Jahrhunderts erstmals vom Ausschluß der als Pöbel verstandenen Menge des Volkes gesprochen hatte - die Anstöße zur Eliminierung des gesamten Volkes zunächst hauptsächlich von der weltlichen Gewalt kommen und mit der Straffung der politischen Ordnung zusammenhängen. Unter Justinian wurde 528 durch eine Konstitution zunächst ein Verfahren eingeführt, bei dem aus einem Dreiervorschlag durch das Volk gewählt wurde. 546 wurde durch Novelle 123 das Verfahren dergestalt ausgebaut, daß der Weiheberechtigte aus einem Dreiervorschlag von Klerus und Vornehmen der Stadt die Wahl treffen konnte. So verlagerte sich die Bischofsbestellung immer mehr auf den Metropoliten und die Komprovinzialen. Durch c. 3 des 2. Konzils von Nikaia 787 wurde schließlich das Bischofswahlrecht auf die in einer Synode versammelten Bischöfe beschränkt. Diese Bestimmung blieb auch in der Folge byzantinisches Kirchenrecht.

Zusammenfassung der 1. Station: Das Handeln der Gläubigen in der communio fidelium wird als Ausdruck des Wirkens des Heiligen Geistes verstanden und nicht als rechtsförmige Übertragung eines Amtes im Sinne einer repräsentativen Demokratie. Man sollte jedoch deshalb den Stellenwert des Konsenses nicht gering achten, auch wenn er nicht Ursache, sondern Wirkung ist, wird ihm dadurch keineswegs die rechtliche Bedeutung genommen.

Die Mitwirkung des Volkes bei der Wahl durch Klerus und Volk im Rahmen einer sich fortbildenden gelebten Tradition ist im ersten Jahrtausend jedenfalls nicht auf eine Akklamation reduzierbar.

Festzuhalten ist weiters, daß an der Eliminierung des gesamten Volkes besonders die politische Macht interessiert war. Dies zeigte sich bei

Justinian ebenso wie später bei Karl dem Großen, aber auch im neuzeitlichen Absolutismus.

2. Station: Die weltliche Investitur[8]

Die Entwicklung bis zum Hochmittelalter war im Westen durch den mit dem Anwachsen weltlich-politischer Funktionen der Bischöfe zunehmenden Einfluß der weltlichen Macht auf die Bischofsbestellung gekennzeichnet.[9] Sie korrespondierte mit der Verchristlichung der Königsidee, die in der Kaiserkrönung Karls ihren Höhepunkt fand und für das Verhältnis von geistlicher und weltlicher Gewalt eine neue Dimension eröffnete. Dementsprechend zeigte sich nur in Italien der päpstliche Einfluß in erfolgreichen Interventionen, wie besonders in den Briefen Papst Gregors I. deutlich wird. Hier entwickelte sich schließlich ein auf dem justinianischen Recht beruhendes Verfahren, bei dem in der Form eines Dekretes der Name des - in Anwesenheit eines päpstlichen Visitators - Gewählten dem Papst bekanntgegeben wurde, der ihn zu bestätigen hatte.

Im Frankenreich bekräftigten neun merowingische Konzile zwischen 533 und 675 zwar das Wahlprinzip, aber allein die Notwendigkeit, dies immer wieder zu betonen, zeigt die Schwierigkeiten auf. Auch aus vielen anderen Quellen kennen wir Beispiele für direkte königliche Interventionen. Ähnliches gilt grundsätzlich für das Westgotenreich. Im Karolingischen Imperium wurde dann ein Verfahren etabliert, das durch den Kaiser-König dominiert wird. Selbst nach der karolingischen Kirchenreform war es der König, der durch die concessio regalis die Wahl zuließ, die dann von seinem Beauftragen über-

8 Lit.: D. Claude: Die Bestellung der Bischöfe im merowingischen Reiche, in: *Zeitschrift für Rechtsgeschichte* 80 (1963) 1-75; P. Schmid: *Der Begriff der kanonischen Wahl in den Anfängen des Investiturstreits*, Stuttgart 1926; W. Ullmann: Die Bischofswahl und die französischen Könige im 9. und 10. Jahrhundert, in: *Concilium* 8 (1972) 520-523.

9 Ein Schlaglicht auf die frühmittelalterliche Situation wirft die um 750 aufgezeichnete »Lex Romana Curiensis«, wonach der Klerus den Bischof von Chur und das Volk den Vorsitzenden der weltlichen Verwaltung wählen soll. Beide werden aus einer einheimischen Sippe gewählt, ab 760 in Personalunion. Vgl. dazu H. Bischofberger: Graubünden, in: *Lexikon des Mittelalters*, Bd. 4, Sp. 1659.

wacht wurde, der schließlich den Gewählten akzeptierte oder zurückwies. Auf den karolingischen Synoden (Paris 829, Diedenhofen 844) wurde der König ermahnt, bei der Bestellung von Bischöfen sorgfältig zu agieren. Wieder war es auch die weltliche Gewalt, die die Mitwirkung des Volkes auf die Akklamation zu reduzieren versuchte.

Die Einflußnahme der weltlichen Gewalt auf die Bestellung der Bischöfe führte zu Investiturstreitigkeiten verschiedener Intensität. Die politische Bedeutung des Rechtes auf Bestellung der Bischöfe war dort am größten, wo die Kirche mangels anderer Faktoren der Feudalisierung zur Stabilisierung neuer Herrschaftsstrukturen instrumentalisiert wurde. Das gilt für die ottonisch-salische Reichskirche ebenso wie für die erst spät missionierten Randgebiete im Norden und Osten, in denen die Kirche das neue Königtum gegenüber den alten Stammesstrukturen legitimieren half. Hier ist in erster Linie an Ungarn zu denken, wo eine frühe Form des Nominationsrechtes entstand.

Zusammenfassung der 2. Station: Die im Frühmittelalter sich ausbildende weltliche Investitur der Bischöfe schuf den Ausgangspunkt für ein entscheidendes Szenarium der weiteren Geschichte des für den Westen so entscheidenden Ringens der Repräsentanten von sacerdotium und imperium. Kaiser und Papst erschienen als aufeinander verwiesene Brennpunkte eines prinzipiell einheitlich verstandenen mittelalterlichen Herrschaftskonzeptes. Im Investiturstreit wurde das Recht der Bischofsbestellung zum weltgeschichtlichen Ereignis und zum Trauma für alle späteren Auseinandersetzungen von Staat und Kirche.

3. Station: Das mittelalterliche Kapitelwahlrecht[10]

Die Erfahrungen des ersten großen Konfliktes und seiner prekären Lösung im Wormser Konkordat, aber auch des in England und Frankreich gefundenen modus vivendi finden bereits im Decretum Gratiani ihren Niederschlag. Selektion und Aufbereitung des vorhandenen Materials zeigen zwar die Betonung des Grundsatzes der Wahl, aber auch die Zurückdrängung der überwiegend als weltliche Gewalt verstandenen Laien. »Electio clericorum est, consensus plebis« lautet das zentrale dictum Gratians.

Der rasante Verrechtlichungsprozeß in den Jahrzehnten um die Wende zum 13. Jahrhundert bringt es mit sich, daß der 1234 promulgierte *Liber extra* bereits ein ausgebildetes Wahlrecht enthält. Dessen Unzulänglichkeiten führen zur Stärkung des päpstlichen Einflusses, wofür die entscheidenden Impulse durch Innozenz IV. erfolgen. Durch Bonifaz III. erhält das System eine Abrundung, ehe die Bedingungen sich durch Avignon und den Konziliarismus erneut ändern. Diese Entwicklung sei an Hand einzelner Regelungen illustriert.

Die Wahlberechtigten

Das Wahlrecht wurde auf das Kapitel reduziert, einerseits setzte sich dadurch ein schon länger dauernder Prozeß der Zurückdrängung der Laienmitwirkung und damit des politischen Einflusses fort, andererseits begünstigte die Verrechtli-

---

[10] Lit.: A. Diegel: *Der päpstliche Einfluß auf die Bischofswahlen in Deutschland während des 13. Jahrhunderts*, Berlin 1932; K. Ganzer: Zur Beschränkung der Bischofswahl auf die Domkapitel in Theorie und Praxis des 12. und 13. Jahrhunderts, in: *Zeitschrift für Rechtsgeschichte* 88 (1971) 22-126; 89 (1972) 166-197; H. Hattenhauer: Zur Geschichte von Konsens- und Mehrheitsprinzip, in: Ders./W. Kaltefleiter (Hg.): *Mehrheitsprinzip, Konsens und Verfassung*, Heidelberg 1986, 1-22; H. Müller: *Der Anteil der Laien an der Bischofswahl*, Amsterdam 1977; J.B. Sägmüller: *Die Bischofswahl bei Gratian*, Köln 1908; B. Schimmelpfennig: Das Prinzip der »sanior pars« bei Bischofswahlen im Mittelalter, in: *Concilium* 16 (1980) 473-477.

chung einen klar umschriebenen Wählerkreis, eben das Kapitel.

Durch c. 28 2. Lateranum 1137 wurde die Kapitelwahl des Bischofs allgemeines Kirchenrecht, jedoch auch die Beiziehung von "religiosos viros" mit Nichtigkeitssanktion verlangt. Das *Decretum Gratiani* zeigt allerdings auf, daß die Kapitelwahl noch kaum von praktischer Bedeutung war. Am 3. Laterankonzil 1179 kam es zur Auflistung der Wählbarkeitsvoraussetzungen und damit zur Verstärkung von Verfahrensmodalitäten. Am 4. Laterankonzil 1215 findet sich nur mehr das Kapitel als Wahlkörper (c. 24 »Quia propter«). Gregor IX. erließ schließlich das ausdrückliche Verbot der Teilnahme von Laien (Massana Ecclesia, c. 56 X 1,6). Seit Innozenz IV. wurde das allgemeine Prinzip der Wahl durch päpstliche Reservationen durchlöchert, worauf noch besonders einzugehen ist.

Das Wahlverfahren

Die umfassende Verrechtlichung findet nicht nur in einer detailreichen Ausgestaltung, sondern auch im Ausbau von Nichtigkeitssanktionen ihren Ausdruck und vermehrt dadurch die Möglichkeit von Rechtsmitteln. Je mehr Verfahrensregeln normiert werden, desto mehr Ansätze ergeben sich, Verfahrensmängel geltend zu machen. Einige Beispiele für die Durchnormierung des Verfahrens:

(a) Die Wahlberechtigten mußten spätestens drei Monate (Frist des Chalzedonense) nach Eintritt der Vakanz zur Wahl zusammentreten bei sontigem Verlust des Wahlrechtes für dieses Mal, es trat Devolution ein.

(b) Wenn nur ein Wahlberechtigter absichtlich übergangen wurde, war die Wahl ungültig.

(c) Bei Mitwirkung der weltlichen Gewalt war die Wahl ipso iure nichtig. Der Wahlkörper verlor das Wahlrecht für dieses Mal.

(d) Klare Trennung von Wahl und Bestätigung. Die Bestätigung der Wahl geschah grundsätzlich durch den Metropoliten, bei Nachlässigkeit kam es zur Devolution an den Papst.

(e) Besonders lehrreich ist die Geschichte der Interpretation des »sanior pars«-Prinzips. Die Formulierung »maior et sanior pars« geht auf die Benediktinerregel über die Abtwahl zurück. Als spirituelles Kriterium im Rahmen eines nur schwach verrechtlichten Verfahrens hatte es als Korrektiv bis ins 12. Jahrhundert keine wesentliche Bedeutung erlangt. Im Wormser Konkordat wurde der Kaiser ermächtigt, wenn zwischen den Parteien Streit entsteht, »nach Rat und Urteil der Metropoliten und der Mitbischöfe jener Kirchenprovinz der sanior pars Zustimmung und Hilfe zukommen zu lassen«. Nachdem es bereits 1179 für alle Beschlüsse des Kapitels formuliert wurde, normierte c. 24 des 4. Lateranums schließlich ausdrücklich für die Bischofswahl, daß der als gewählt gelten solle, dem alle oder der größere und gesündere Teil des Kapitels zugestimmt hatten.

Mit der Beschränkung der Wahlberechtigten auf das Domkapitel, der klaren Trennung der einzelnen Akte, der rechtlichen Ausgestaltung des ganzen Verfahrens geriet auch das Erfordernis der sanior pars in die Hände der Kanonisten. Durch Entscheidungen Gregors IX. wurden neben der Stimmenzahl (pars maior), Eifer und Verdienst (zelus und merita für die pars sanior) als Kriterien fixiert, die dann weiterer juristischer Determinierung bedurften. Bernhard von Pavia wertet numerus (Stimmenmehrheit), zelus (der Wähler) und dignitas (des Gewählten) als drei gleichwertige Voraussetzungen, von denen zwei zur Entscheidung ausreichen. Die Auseinandersetzungen um diese Kriterien gehören zu den schönsten Beispielen für mittelalterliche juristische Reflexion, für das um sich greifende Denken in rechtlichen Kategorien. So kam etwa Hostiensis zur Feststellung: Zwei Kandidaten (einer mit der pars maior, er andere mit der pars sanior) behindern einander wie zwei usufructuarii.[11]

Es kann also festgehalten werden, daß die sich aus den Streitigkeiten um die Kriterien der pars sanior ergebenden Appellationen an den Papst dessen Position stärkten. Aufgrund

[11] Hostiensis: Lectura c. 57 X 1, 6 § Nos igitur, 1 fol. 84.

der Vielzahl der Appellationen neigte Innozenz IV. bereits mit einer Präsumtion dem Mehrheitsgrundsatz zu, »durch eine Mehrheit wird die Wahrheit besser erkannt«[12], und schließlich wurde auf dem Konzil von Lyon 1274 nach dem Vorbild des Papstwahlrechtes die Zweidrittelmehrheit als Grenze für die »sanior pars«-Anfechtung festgelegt; weniger als ein Drittel konnte daher nicht mehr die gesündere Meinung vertreten (Lib. Sextus c. 9 I 6). Dieses vom kanonischen Recht im Zusammenhang mit der sanior-pars-Einrede entwickelte Quorum hat bekanntlich eine beachtliche historische Wirksamkeit bewiesen.

Zusammenfassung der 3. Station: An die Stelle der weltlichen Investitur trat im 12. Jahrhundert die Kapitelwahl des allgemeinen Kirchenrechts. Im Rahmen der mittelalterlichen Sozialordnung bedeutete die von den gregorianischen Reformern postulierte libertas ecclesiae die - funktional mit den neuzeitlichen Grund- und Menschrenrechten vergleichbare - Garantie eines Freiraumes für einen Rechtskreis, in dem dann päpstliches kirchliches Recht galt. Die Freiheit der Wahl war im Bewußtsein der Reformer untrennbar mit der Freiheit der Kirche verknüpft. Die Wahl wurde zu einer echten Wahl durch jene, die durch die kirchliche Rechtsordnung geschützt waren. Diese kirchliche Rechtsordnung war als Rechtskreis im Rahmen des mittelalterlichen ordo ständisch bestimmt und wurde so Mitursache einer als Befreiung der Kirche verstehbaren Klerikalisierung der Kirche.

[12] Glosse zu c. 42 X 1, 6.

4. Station: Das System der päpstlichen Reservationen[13]

Allgemeine Entwicklungsfaktoren

Bei Gratian und den Dekretisten findet sich noch kein Hinweis auf päpstliche Besetzungsrechte. Erst im 13. Jahrhundert wurden, aufbauend auf dem sich weiterentwickelnden primatialen Anspruch des Papstes als vicarius Christi, Eingriffe ex plenitudine potestatis - sola voluntate et sine iusta causa - begründet. Die Kanonisten verknüpften im Laufe des 13. Jahrhunderts systematisch die petrinische Stellvertretung mit einer römischrechtlich ausgefüllten plenitudo potestatis. Während bei Gregor IX. in Provisionsurkunden der Verweis auf die plenitudo potestatis nicht zu finden ist, hat ihn Innozenz IV. unterschiedslos für alle Provisionen verwendet. Vor dem Hintergrund dieser allgemeinen Legitimation kam es also zur Ausbildung einzelner Rechte, die oft in Recht und Tradition keine Fundierung hatten. Einige Kanonisten waren jedoch bereits konsequent genug, auch die Kapitelwahl des allgemeinen Rechts als eine von päpstlicher Vollgewalt abgeleitete Zuständigkeit zu interpretieren. Es ist in diesem Zusammenhang beachtlich, daß Kanonisten, die sich über historische Entwicklungen Gedanken machten, wie Bernhard von Parma und Johannes Andreae, der Meinung waren, ursprünglich hätte das Recht der Besetzung aller Bistümer dem Papst zugestanden. Es ging offensichtlich darum, das als Ausnahme sich darstellende System der Reservationen mit der Begründung der Kompetenz ex plenitudine potestatis zu vermitteln.

Viele Unzukömmlichkeiten in diesen Verfahren sowie politische Rücksichtnahmen führten dazu, daß Innozenz IV. 1252

---

[13] Lit.: P. Aldinger: *Die Neubesetzung der deutschen Bistümer unter Papst Innozenz IV. 1243-1254*, Leipzig 1900; G. Barraclough: *Papal Provisions*, Oxford 1935; A. Diegel, a.a.O.; K. Ganzer: *Papsttum und Bistumsbesetzungen in der Zeit von Gregor IX. bis Bonifaz VIII.*, Köln-Graz 1968; J. Gaudemet: Von der Bischofswahl zur Bischofsernennung, in: *Concilium* 16 (1980) 468-472; E. Göller: *Die Einnahmen der apostolischen Kammer unter Johann XXI. Vatikanische Quellen zur Geschichte der päpstlichen Hof- und Finanzverwaltung 1316-1378*, Bd. 1, Teil 1: *Darstellung*, 3-134.

alle Provisionen, Reservationen und Wahlverbote - vorübergehend - zurücknahm, soweit die betreffenden Gebiete nicht in Aufruhr gegenüber der römischen Kirche verharrten. Interessant ist seine Begründung: Mißbräuchliche Gesuche von Personen, die mehr ihre eigenen Interessen als die der Kirche im Auge hatten, hätten zu einem unhaltbaren Zustand geführt. Alexander IV. erklärte 1257 Streitigkeiten um die Bischofsbestellung zu dem Papst vorbehaltenen causae maiores und bekämpfte energisch den Mißstand, daß sich viele Bischöfe jahrelang nicht weihen ließen. Ein bekanntes Beispiel dafür war Erzbischof Philipp von Salzburg, der deshalb nach neun Jahren sein Bistum verlor. Clemens IV. nahm die von Innozenz IV. zurückgenommene Praxis wieder auf und führte das päpstliche Provisionswesen zu einem ersten Höhepunkt. Auf dem Konzil von Lyon 1274 kam es zu einer Kanalisierung der Vielzahl von Appellationen durch Formvorschriften und Mißbrauchsverbote. 1278 erfolgten durch Nikolaus III. in der Dekretale *Cupientes* weitere vor allem Fristen betreffende Verfahrensbestimmungen sowie eine Zusammenfassung päpstlicher Zuständigkeiten für bestrittene Wahl, Versetzung, Resignation, Suspension, Degradation, Rechtsübertragung und Rechtsvorbehalt.

Im allgemeinen werden die Trends des 13. Jahrhunderts in der Zeit von Avignon zunächst verstärkt, d. h. der primatiale Anspruch bleibt erhalten, die Verrechtlichung setzt sich fort, und ökonomische Überlegungen treten besonders in den Vordergrund. Ihre unbestreitbare Bedeutung bedarf keiner weiteren Begründung. Im 13. Jahrhundert war im wesentlichen das Servitienwesen entstanden, und zwar wandelten sie sich im dritten Quartal von freiwilligen Leistungen zu Pflichtabgaben anläßlich der Amtsverleihung oder Bestätigung durch den Papst. Sie fielen nach einem entsprechenden Schlüssel dem Papst, den Kardinälen und den Bediensteten an der Kurie zu. Da auch die Wahlstreitigkeiten horrende Verfahrenskosten mit sich brachten, begann sich die Spirale der Ökonomisierung kirchlicher Ämter nach den offensichtlich ewigen Gesetzen der Bürokratisierung weiterzudrehen.

Die Relevanz des Widerspruchs des Volkes gegen den Gewählten bzw. Bestätigten wird mit der Zurückdrängung auf die Akklamation größer.[14] Es findet sich verstärkt, den ursprünglichen Sinn allerdings verschiebend, die Parömie Papst Cölestins I.: »Docendus est populus non sequendus«[15], andererseits wird im Zuge der Verrechtlichung des Verfahrens zumindestens die Möglichkeit einer Einrede gegen den noch nicht Konsekrierten eröffnet. Auf die hier angesprochene breite Diskussion über die rechtliche Ausgestaltung von Rezeptionsvorgängen kann ich nicht weiter eingehen.[16]

Aus der Vielzahl von Einzeluntersuchungen zu der Entwicklung im 13. Jahrhundert sei eine Dissertation aus 1932 herausgehoben. Darin liefert Albert Diegel eine Übersicht über die Besetzung der Reichsbistümer in diesem Jahrhundert. Von 420 Neubesetzungen war päpstlicher Einfluß bei 189 Fällen gegeben, davon haben die Päpste in 75 Fällen den Bischof von sich aus ernannt. Am häufigsten waren dieser Untersuchung zufolge übrigens die Eingriffe bei der Besetzung Salzburgs.

Im Laufe des 14. Jahrhunderts wurde bei Aufrechterhaltung des allgemeinen Rechts der Kapitelwahl aufgrund einer Vielzahl von Rechtstiteln de facto das päpstliche Ernennungsrecht durchgesetzt. Der Versuch, eine umfassende päpstliche Kirchherrschaft einzurichten, scheiterte jedoch an der spätmittelalterlichen Krise ebenso wie der Versuch einer konziliaristischen Ausgestaltung der kirchlichen Ordnung.

Die Entstehung der päpstlichen Rechte im einzelnen

Der Bestellungsmodus der *Postulation* gewinnt an Bedeutung. Durch die rechtliche Ausgestaltung der Wählbarkeitsvoraussetzungen treten häufiger entsprechende Mängel bei Kandidaten auf, die daher nur postuliert werden können und damit der

---

[14] Hierher gehört auch der berühmte Memorialvers für die Gründe des Amtsverzichtes: »Debilis, ignarus, male conscius, irregularis, quem mala plebs odit, dans scandala cedere possit«; vgl. W.M. Plöchl: *Geschichte des Kirchenrechts*, Bd. 2, Wien [2]1962, 205.

[15] Vgl. oben Anm. 6.

[16] Vgl. R. Potz, a.a.O.

Dispens des zuständigen Oberen bedürfen. Im 13. Jahrhundert häufen sich so die Postulationen, nicht selten war der formale Mangel durch das Verbot der Bischofsversetzung (Translation) gegeben.

Die *Translation* konnte jedoch nur durch den Papst vorgenommen werden. Die Beziehung des Bischofs zu seiner Diözese wurde als geistiges Eheband gesehen, die Lösung des Bandes war nur durch den vicarius Christi möglich. Es mutet in diesem Zusammenhang allerdings eigentümlich an, daß gerade durch die päpstlichen Ernennungen das traditionelle Konzept verdrängt wurde. Zur Zeit der Wahlen stammten die Bischöfe meist aus der Diözese, und sie blieben dieser auch regelmäßig bis zum Tode treu. Durch die päpstlichen Ernennungen werden immer häufiger auswärtige Bischöfe eingesetzt, die auch den Bischofssitz immer öfter wechseln. Karriereinteressen der Betroffenen, die ihre Diözesen vorher nicht kennen und oft genug gar nicht kennenlernen, politische und ökonomische Interessen der Kurie werden so zum Ausgangspunkt eines geänderten bischöflichen Amtsverständnisses.

Päpstliche Provisionen ergingen nach Appellationen und in der Praxis gegen Ende des 13. Jahrhunderts immer häufiger, wenn das Bistum »apud sedem apostolicam« vakant wurde. Dies konnte geschehen aufgrund einer Deposition des Bischofs, aber auch, weil die Erlaubnis der Resignation wegen Alters oder Krankheit und aus anderen Gründen vom Papst erbeten werden mußte. Besondere Bedeutung erlangten die päpstlichen Provisionen aufgrund der Wahlverbote, die vor allem in der Auseinandersetzung mit den Staufern dazu führten, daß in deren Herrschaftsgebiet die Wahlrechte der Kapitel suspendiert wurden. Statt dessen wurden von den Päpsten Provisionsmandate erlassen. Durch diese wurden meist Legaten damit beauftragt, bestimmten Personen ein Bistum zu verschaffen. Die Provisionsmandate haben ihren Ursprung in den mit Wahlverboten belegten Gebieten sowie in der Versorgung von lateinischen Bistümern im Osten (Reste der Kreuzfahrerstaaten, lateinische Fürstentümer auf byzantinischem Reichsgebiet). Nachdem es unter Bonifaz VIII. zum Durchbruch der

Reservation für Vakanzen »apud sedem apostolicam« auch für Bistümer kam, verfügte Urban V. 1363 - allerdings nur als päpstliche Kanzleiregel[17] - die generelle Reservation der Besetzung aller vakanten Patriarchal-, Metropolitan- und Bischofssitze -, eine Maßnahme, die vor allem auch vor dem Hintergrund des Papstschismas zu sehen ist.

Expektanzen als Anwartschaften auf zukünftig freiwerdende Bistümer und andere Benefizien hängen im besonderen Maße mit den ökonomischen Bedürfnissen und der Fiskalisierung der Römischen Kurie zusammen. Sie wurden zum Symbol besonderen Mißbrauchs und entsprechend Gegenstand der Kritik.

Zusammenfassung der 4. Station: Die sich seit dem 13. Jahrhundert anbahnende Veränderung war gekennzeichnet durch einen multikausalen Entwicklungsprozeß mit starken Rückkopplungswirkungen, in dem eine Reihe von Faktoren wirksam wurde. Von entscheidender Bedeutung für die Geschichte der Bischofswahl war, wie Jean Gaudemet kurz und bündig feststellt: »Die Wählerschaft gibt sich selbst auf. Das Versagen der Wählerschaft hatte den päpstlichen Ernennungen die Bresche geöffnet.«[18] Dies war verbunden mit dem Niedergang der Stellung des Metropoliten und - anders als in den Ostkirchen - des synodalen Elementes. Päpstliche Ansprüche, die aufgrund eines römisch-imperialen juristischen Überbaus petrinischer Ekklesiologie zur Ausgestaltung der Theorie von der plenitudo potestatis des Papstes führten, lieferten die theoretische Begründung, während die politischen Auseinandersetzungen vor allem mit dem staufischen Kaisertum die politische Legitimation vermittelten.

Der allgemeine Verrechtlichungsprozeß, der die Möglichkeit der Appellationen drastisch vermehrte, geht Hand in Hand mit einer Verwaltungsexpansion. Der damit verbundene Sach- und Personalaufwand führte zu einer ökonomischen und kompetenzrechtlichen Eigendynamik, wobei die Faktoren Korruption und Bestechlichkeit keine geringe Rolle spielten.

---

[17] Die normative Bedeutung der Kanzleiregeln ist zwar grundsätzlich auf das jeweilige Pontifikat reduziert, es ist aber auch in diesem Zusammenhang darauf hinzuweisen, daß wir nicht von einem formal geschlossenen spätneuzeitlichen Gesetzesbegriff ausgehen können und die normative Geltung auch dieser Regel entsprechend zu beachten ist. Andererseits ist darauf hinzuweisen, daß von normativistisch argumentierenden Kanonisten des 20. Jahrhunderts dieser besondere Geltungsaspekt der Regelung Papst Urbans V. gerne übersehen wird.

[18] J. Gaudemet, a.a.O. 470.

5. Station: Die landesfürstlichen Nominationen[19]

Die Überwindung der spätmittelalterlichen Krise der Kirche gelang nur durch die Aufteilung der Kirchherrschaft zwischen Papst und Landesfürsten. Damit verbunden war allgemein der Übergang des Bischofsbestellungsrechtes auf die Landesfürsten. Aus persönlichen Indulten für Nominationen wurden allgemeine Privilegien, die schließlich in konkordatäre Zugeständnisse des landesfürstlichen Nominationsrechts mündeten. Das klassische Beispiel lieferten Art. 6 des französischen Konkordates von 1516, durch den die Wahlrechtsbestimmungen der Pragmatischen Sanktion von Bourges aufgehoben wurden, bzw. der folgende Art. 7, der das Wahlrecht der Domkapitel durch das königliche Nominationsrecht ersetzte.

Das allgemeine kirchliche Wahlrecht blieb im wesentlichen unverändert, Anliegen war nunmehr hauptsächlich die freie und geheime Wahl. Zur Sicherung der freien Wahl wurden die Wahlkapitulationen bekämpft, die Thematisierung der geheimen Wahl war erst mit dem Aufgeben des pars-sanior-Prinzips möglich geworden und hing mit dem Übergang zum reinen Mehrheitsprinzip zusammen. Hinsichtlich des Bischofsbestellungsrechtes beschränkte sich das Konzil von Trient in c. 1 des Reformdekretes auf Verfahrensmodalitäten betreffend das päpstliche Ernennungsrecht. Die Genese dieses Textes zeigt aber, daß eine breite Diskussion um die Rückkehr zum alten Recht der Wahl durch Klerus und Volk stattfand.

Überlagert durch landesfürstliche Patronatsrechte setzte sich das Nominationsrecht in der Folge europaweit durch. Eine

---

[19] Lit.: J. Bernard: Das Konzil von Trient und die Bischofswahl, in: *Concilium* 16 (1980) 478-483; E. Dussel: Die Bischofsernennungen im ersten Jahrhundert des Patronats in Lateinamerika (1504-1620), in: *Concilium* 8 (1972) 538-542; H. E. Feine: *Die Besetzung der Reichsbistümer vom Westfälischen Frieden bis zur Säkularisation 1648-1803* (Kirchenrechtliche Abhandlungen; Bd. 97/98), Stuttgart 1921; H. Jedin: Die Reform des bischöflichen Informationsprozesses auf dem Konzil von Trient, in: *Archiv für katholisches Kirchenrecht* 116 (1939) 389-413; A. Kindermann: *Das landesfürstliche Ernennungsrecht*, Warnsdorf 1933; K. Walf: *Das bischöfliche Amt in der Sicht josephinischer Kirchenrechtler* (Forschungen zur kirchlichen Rechtsgeschichte und zum Kirchenrecht; Bd. 13), Köln-Wien 1975.

weitere Förderung erfuhr es in den Gebieten, wo durch den Landesfürsten die Gegenreformation durchgeführt wurde, so daß es im 18. Jahrhundert seine größte Ausdehnung fand.

Die wichtigste Ausnahme blieb weiterhin das alte Reich, in dem für die Reichsbistümer bis 1803 das Kapitelwahlrecht des Reichskonkordats von 1448 galt, wodurch es nur zu indirekten Einflüssen der politischen Macht kam. Am anderen Ende der Skala weltlichen Einflusses standen die Bistümer Süd- und Mittelamerikas, wo das königliche Patronatsrecht aufbauend auf päpstlichen Bullen des 15. Jahrhunderts zu einem königlichen Vikariat weitergebildet worden ist. Seit Karl III. bezeichneten sich die spanischen Könige offziell als »Vikare und Legaten des apostolischen Stuhles«, d. h. die königliche Kirchherrschaft war von spanischen regalistischen Juristen als potestas ordinaria vicaria verstanden worden. Dementsprechend war die Position des Papstes auf ein formales Bestätigungsrecht zurückgedrängt worden, wobei die Bestätigung noch dazu meist erst eintraf, nachdem der Nominierte breits interimistische vikarische Jurisdiktion in seiner Diözese übernommen hatte.

Zusammenfassung der 5. Station: Das Nominationsrecht wurde zur klassischen Bestellungsform des Absolutismus. In den diversen im 18. Jahrhundert zum Durchbruch gelangten »Ismen« (Gallikanismus, Febronianismus, Josephinismus) erfährt es eine zusätzliche ekklesiologische Legitimation. Der Abbau der mit diesem Recht gegebenen Mitwirkung der weltlichen Gewalt gelang nach einem zähen Ringen und wird erst nach dem 2. Vatikanum im wesentlichen abgeschlossen.

6. Station: Die Etablierung des Listenverfahrens[20]

Den Anfang machte Irland, wo nach dem Wegfall des königlichen Nominationsrechtes 1766 das Verfahren der domestical nomination etabliert wurde, das zunächst auf Strukturen des Wahlrechtes aufbaute, sich jedoch immer mehr abschwächte und schließlich zum 1829 eingeführten empfehlenden irischen Listenverfahren führte, ein »seiner rechtlichen Verbindlichkeit entkleidetes Wahlrecht«[21]. Dieses Verfahren wurde durch stetigen Abbau der Wahlrechtselemente zum Ausgangspunkt des relativen Listenverfahrens, wie es uns heute noch im allgemeinen Kirchenrecht entgegentritt.

Auch in den Vereinigten Staaten kam es 1789 zunächst mit ausdrücklicher Genehmigung Roms zu der Wahl eines ersten Bischofs durch den Klerus. In der Folge wurden durch die zuständige Propagandakongregation diese Ansätze zurückgedrängt, teilweise unter Hinweis auf die Schwierigkeiten mit Wahlen durch den national heterogenen Klerus in den USA. Nach vielen Zwischenschritten, die hier nicht weiter verfolgt werden können, erfolgte eine Regelung durch ein Dekret der Propaganda Fidei von 1861, deren wesentliche Neuerung die Einführung des absoluten Listenverfahrens mit Triennallisten war, das letztendlich 1916 zum ausschließlichen Verfahren in den USA wurde.

---

20 Lit.: E. Friedberg: *Der Staat und die Bischofswahlen in Deutschland. Das 19. Jahrhundert*, Leipzig 1874; C. Gareis/Ph. Zorn: *Staat und Kirche in der Schweiz*, Bd. 2, Zürich 1878; E. Gatz: Die Bischofsernennungen in den deutschsprachigen Ländern. Theorie und Praxis seit dem 19. Jahrhundert, in: *Theologisch-praktische Quartalschrift* 136 (1988) 258-266; K. Mörsdorf: *Das neue Besetzungsrecht der bischöflichen Stühle unter besonderer Berücksichtigung des Listenverfahrens* (Kölner rechtswissenschftliche Abhandlungen; Heft 6), Bonn-Köln 1933; B. Plongeron: Handhabung der Demokratie in der konstitutionellen Kirche Frankreichs während der Jahre 1790-1801, in: *Concilium* 8 (1972) 543-548; U. Stutz: *Der neueste Stand des deutschen Bischofswahlrechtes* (Kirchenrechtliche Abhandlungen; Bd. 58), Stuttgart 1908; N. Trippen: *Das Domkapitel und die Erzbischofswahlen in Köln 1821-1929* (Bonner Beiträge zur Kirchengeschichte; Bd. 1), Köln-Wien 1972; R. Trisco: Der demokratische Einfluß auf die Wahl von Bischöfen und Pfarrern und auf die Verwaltung von Diözesen und Pfarreien in den USA, in: *Concilium* 8 (1972) 548-551.

21 K. Mörsdorf, a.a.O. 23.

In die hier angesprochene Phase gehört auch das Bischofswahlrecht der konstitutionellen Kirche in Frankreich, wo die Geschichte der Trennung von Staat und Kirche unter ganz anderen Voraussetzungen als in den USA ablief. So sehr man heute bereit ist, der konstitutionellen Kirche eine ausgewogenere Beurteilung angedeihen zu lassen, darf doch nicht übersehen werden, daß die Wirkung der Zivilkonstitution des Klerus fatal war. Es war letztlich das alte staatskirchliche Modell, das ihr und letztlich der weiteren Entwicklung des französischen Laizismus Pate stand. Wenn Staatlichkeit und Öffentlichkeit identifiziert werden, dann gibt es nur die Alternative staatskirchlicher Vereinnahmung oder der Privatisierung des religiösen Bereiches.

In der Schweiz, wo es nur teilweise zu einer erfolgreichen Neuordnung kam, blieb mit den weiterbestehenden Diözesen altes, gewohnheitsrechtlich geordnetes Wahlrecht erhalten - so in Sitten und Chur - bzw. das päpstliche Ernennungsrecht, wie es seit der Reformation in Lausanne bestand. In den nach vielen Mühen neu errichteten bzw. wiedererrichteten Bischofssitzen Basel und St. Gallen wurde das Wahlrecht 1828 bzw. 1845 konkordatär geregelt.

Es kam schließlich zu einer allgemeinen Verbreitung des Listenverfahrens im 19. Jahrhundert, in England, Holland und Schottland, Kanada und Australien sowie in südamerikanischen Staaten. Durch die mit der Konstitution *Sapienti Consilio* von 1908 verbundenen Kompetenzverschiebungen in der römischen Kurie bekam das Listenverfahren den Charakter eines Modells des allgemeinen Kirchenrechts und nicht mehr des Missionskirchenrechtes, eine Wirkung, die in der Kodifikation des Kirchenrechts ihren Niederschlag finden sollte.

Zusammenfassung der 6. Station: Die Neuordnung der katholischen Kirche in Gebieten mit nichtkatholischen Herrschern bzw. in Demokratien verlangte nach einem Ersatz für das Nominationsrecht. In den Ortskirchen dominierte dabei der Wunsch nach Einrichtung von verschiedenen Formen der Partizipation durch Anknüpfen an die Tradition des Bischofswahlrechtes. Dies erfuhr in der ersten Phase durch die mit der Revolution bedingten Schwäche Roms eine Begünstigung. Rom versuchte - durch die Restauration zunehmend erfolgreicher -, das päpstli-

che Ernennungsrecht durchzusetzen. Dort, wo Elemente des Wahlrechts zum Listenverfahren abgeschwächt wurden, zeichneten sich folgende Entwicklungen ab:
- Zurückdrängung der Mitwirkung von Klerus und Volk;
- Zurückdrängung der offenen Diskussion über Kandidaten, der Abstimmung mit Mehrheitsbeschlüssen und der entsprechenden Reihung in den Bischofsversammlungen;
- Einführung der absoluten Triennallisten und damit einer größeren Zahl von vorgeschlagenen Kandidaten und Erhöhung des Auswahlermessens Roms.[22]

Die Mitwirkungsrechte der politischen Macht wurden auf die Artikulierung der Mindergenehmheit von Kandidaten, einen Vorläufer des Verfahrens der politischen Klausel, reduziert.

7. Station: Der Codex Iuris Canonici 1917[23]

Den Abschluß der Entwicklung zum freien päpstlichen Ernennungsrecht markierte der c. 329 des Kodex von 1917, durch den dieses erstmals zum primären modus des allgemeinen Kirchenrechts gemacht wurde.[24] Die partikularrechtliche Mög-

---

22 In diesem Zusammenhang möchte ich auf ein Argument verweisen, das gerade bei der jüngsten Besetzung Wiens vorgebracht wurde. Der Nuntius hatte umfangreiche Anhörungen vorgenommen, wie vorgesehen einzeln und geheim, und dabei angeblich weit über hundert Namen erhalten. Er sei damit, wie man hören konnte, bis an die Grenzen seiner Möglichkeit hinsichtlich Partizipation und Information gegangen. Im vorigen Jahrhundert bereits wußte man an der Kurie über die Funktion dieser Verfahrensweise besser Bescheid, denn sie wurde ausdrücklich damit begründet, daß der Papst damit einen größeren Entscheidungsspielraum habe und durch die Ortskirche nicht präjudiziert werde.

23 Lit.: L. Link: *Die Besetzung der kirchlichen Ämter in den Konkordaten Papst Pius XI.* (Kirchenrechtliche Studien und Texte; Bd. 18/19), Bonn 1942; K. Mörsdorf: *Lehrbuch des Kirchenrechts*, München-Paderborn-Wien [11]1964, 409-414; ders.: *Das neue Besetzungsrecht der bischöflichen Stühle unter besonderer Berücksichtigung des Listenverfahrens*, 1933; W. Weber: *Die politische Klausel in den Konkordaten. Staat und Bischofsamt*, Hamburg 1939.

24 Vgl. G. Gasparri in der Praefatio zum *Codex Iuris Canonici*, XXVI: »Leges complures, et si contraria consuetudine aut legibus postea latis abrogatae erant pro catholico orbe universo vel ita pro maiore eius parte ut leges particulares factae essent, existabant tamen adhuc in fontibus, maximamque studiosorum mentibus perturbationem afferebant. Ut exemplo rem confirmemus, in iure communi decernebatur Episcopos a canonicorum ordine esse deligendos, et capita fere omnia tituli De Electionibus ad hanc eligendi rationem pertinent, quanquam ea hodie non obtinet nisi in paucis Germaniae et Helvitiorum dioecesibus.«

lichkeit der Wahl durch das Domkapitel wurde in § 3 desselben Kanons ausdrücklich als Zugeständins bezeichnet. Diese Wahl war grundsätzlich nach den Wahlbestimmungen der cc. 161 ff. CIC 1917 vorzunehmen. Zur Durchführng des freien päpstlichen Ernennungsrechtes waren weltweit die verschiedenen - teilweise nicht veröffentlichten - partikularrechtlichen Formen des Listenverfahrens vorgesehen, für die Mitwirkung von Laien galten die allgemeinen Verbote der cc. 109 und 166.

Durch eine Ansprache Benedikts XV. im Geheimen Konsistorium wurde 1921 die Konkordatsära der Zwischenkriegszeit eingeleitet. Der Papst klassifizierte drei Gruppen von Staaten, die für eine Neuordnung in Frage kämen: die neu entstandenen, die durch große Gebietszuwächse zu neuen Einheiten gewordenen und die durch Umwälzung grundlegend veränderten. Aber auch die Angleichung des partikularen Kirchenrechts an den neuen Kodex war ein zentrales Anliegen des heiligen Stuhles. Abgesehen von den Besonderheiten der deutschen Konkordate und vom Sonderfall Salzburg im österreichischen Konkordat wurde in den Konkordaten weitestgehend das freie Ernennungsrecht des Kodex durchgesetzt und die staatliche Ingerenz auf die verschiedenen Varianten des Verfahrens der politischen Klausel reduziert.[25]

Zusammenfassung der 7. Station: Bis zum Vorabend des 2. Vatikanums herrschte die Tendenz zu weiterer Zentralisierung der Bischofsbestellung beim Heiligen Stuhl, und zwar nicht nur hinsichtlich des Abbauens staatlicher Nominationsrechte, sondern auch hinsichtlich der Verminderung ortskirchlicher Partizipation. Dies zeigt nicht nur die Entwicklung des katholischen Ostkirchenrechts, auf das ich noch zu sprechen kommen werde, sondern auch die Aufhebung bzw. Reduzierung alter Wahlrechte in den Schweizer Bistümern Sitten und Chur, 1918 und 1948.

---

[25] Siehe den Beitrag von A. Hollerbach in diesem Band.

8. Station: Das II. Vatikanum[26]

Nur in 40 von 2099 Voten über die auf dem Konzil zu behandelnden Materien war unser Thema angesprochen worden, dabei ging es fast ausschließlich um die Eliminierung des politischen Einflusses und erst in zweiter Linie um die Wiedereinführung der Bischofswahl. Daher und weil die Konsistorialkongregation überdies der Meinung war, daß die höchste Autorität die Auswahl der Kandidaten mit allergrößter Sorgfalt treffe, war das Thema in den Entwürfen der Vorbereitungskommissionen aus 1962 und 1963 nicht aufgenommen worden. Obwohl mehrere Konzilsväter diesen Mangel rügten, war das Thema Bischofsbestellung zunächst auch nicht im Schema von 1964 enthalten, sondern wurde diesem erst in Artikel 18c eingefügt, der Laien gewährte Rechte oder Privilegien zurückwies.

Während der dritten Konzilssession wurde daran Kritik geübt, »man solle den Begriff Laie bei seinem Gebrauch nicht mehr mit dem Wort staatlich verwechseln«. Der Kritik trug die Konzilskommission insoweit Rechnung, als 'laicis' durch 'civilibus auctoritatibus' ersetzt wurde. In dieser Form fand der Text Eingang in di Konstitution *Christus Dominus*. Da jedoch darüber hinaus - mit der Ausnahme der Ersetzung von 'officium' durch 'munus' - keine Änderung vorgenommen wurde, litt die Konsistenz der Formulierung. Der erste Satz von *CD* 20 lautet: »Das apostolische Amt der Bischöfe ist von

[26] Lit.: F. Klostermann: *Gemeinde* (Kirche der Zukunft; Bd. 1), Freiburg-Basel-Wien 1974; 285-290; K. Mörsdorf: Kommentar zu Art. 29 CD, in: *LThk, Das 2. Vatikanische Konzil II*, 185f.; H. Müller, *Der Anteil der Laien an der Bischofswahl. Ein Beitrag zur Geschichte der Kanonistik von Gratian bis Gregor IX.*, Amsterdam 1977, 220-235; F. Nikolasch: *Bischofswahl durch alle. Konkrete Vorschläge*, Graz-Köln-Wien 1973; W. Onclin: Canones De episcopis, in: *Communicationes* 5 (1973) 217-224; H. Schmitz: Plädoyer für Bischofs- und Pfarrerwahl, in: *Trierer theologische Zeitschrift* 79 (1970) 230-249; ders.: *Einführung und Kommentar zu der »Neuordnung der Kandidatenauswahl für den bischöflichen Dienst in der Lateinischen Kirche«* (Nachkonziliare Dokumentation; Bd. 38), Trier 1974, 115ff.; H. Zapp: Die Bischofsernennung nach dem geltenden Recht und nach dem Entwurf des »liber II de populo Dei« von 1977, in: *Concilium* 16 (1980) 500-504.

Christus dem Herrn eingesetzt und verfolgt ein geistliches und übernatürliches Ziel. Daher erklärt die Heilige Ökumenische Synode, daß es wesentliches, eigenständiges und an sich ausschließliches Recht der zuständigen kirchlichen Obrigkeiten ist, Bischöfe zu ernennen und einzusetzen.« Dieser Satz geht davon aus, daß entweder kirchliche oder staatliche Obrigkeiten bei der Bestellung von Bischöfen in Frage kommen, und läßt keinen Platz für Partizipationsrechte der Gläubigen. Auch der zweite Satz zeigt den Mangel der Umgestaltung: »Um daher die Freiheit der Kirche in rechter Weise zu schützen und das Wohl der Gläubigen besser und ungehinderter zu fördern, äußert das Heilige Konzil den Wunsch, daß in Zukunft staatlichen Obrigkeiten keine Rechte oder Privilegien mehr eingeräumt werden, Bischöfe zu wählen, zu ernennen, vorzuschlagen oder zu benennen.« Man hätte wohl mit der Ersetzung von Laien durch weltliche Obrigkeiten auch die Erwähnung des Wahlrechtes streichen müssen. Die Begründung für die Änderung seitens der Konzilskommission war jedoch eindeutig: »... es solle nicht ausgeschlossen werden, daß die früher bestehende Gewohnheit, bei der Berufung das christliche Volk zu befragen, vielleicht wiederum eingeführt werden könne.«

Das *motu proprio* »Ecclesiae Sanctae« (1966) enthält unter anderem auch Ausführungsbestimmungen zum Bischofsbestellungsrecht. Darin wird das freie päpstliche Ernennungsrecht als primärer Modus herausgestellt, es werden jedoch die Bischofskonferenzen eingebunden, die jährlich in kluger und geheimer Besprechung beraten und dem Heiligen Stuhl Kandidatenlisten vorlegen sollen. Eine genaue Regelung des Verfahrens wird in Aussicht gestellt. Der durch »Ecclesiae Sanctae« gegebene Anstoß zur kollegialen bischöflichen Partizipation auf der Ebene der Bischofskonferenz hätte die Möglichkeit einer dem katholischen Ostkirchenrecht vergleichbaren Entwicklung in sich geschlossen. Die Ausformung dieses Modells fiel jedoch der allgemeinen Zurückdrängung der Rechte der Bischofskonferenz zum Opfer. Wobei ich in Parenthese hinzufügen möchte: Ich weiß leider nicht, in welchem Maße die Bischofskonferenzen damals der durch »Ecclesiae Sanctae« gegebenen Verpflichtung nachgekommen sind.

Aus der Zeit des Gegenausschlages des Pendels, der nachkonziliaren Korrekturen, stammen das *motu proprio* »Sollicitudo omnium ecclesiarum« über die Aufgaben der päpstlichen Legaten 1969 und das Dokument des Rates für die öffentlichen Angelegenheiten der Kirche »Episcoporum delectum« 1972, das die in *Ecclesiae Sanctae* angekündigten Normen für die Bischofsbestellung in der lateinischen Kirche enthält. Vor allem das *motu proprio* zur Neuordnung der Aufgaben der päpstlichen Legaten und seine Entstehungsgeschichte können geradezu als Musterbeispiel für die korrigierende Gesetzgebung dieser Jahre gelten. Es erfolgte eine Stärkung der Stellung des päpstlichen Legaten im relativen Listenverfahren. Damit wurde das in *Ecclesiae Sanctae* vorgesehene absolute Verfahren, das den Schwerpunkt bei der Bischofsbestellung auf eine kollegiale bischöfliche Mitverantwortung legt, nicht ausgebaut, während das weiterentwickelte relative Verfahren ohne kollegiale bischöfliche Mitwirkung blieb. Überdies kam es dadurch auch, dem allgemeinen Trend entsprechend, zu einer Zurückdrängung der Bischofskonferenzen. Nachdem in *Sollicitudo omnium Ecclesiarum* noch vage davon gesprochen wird, daß der Legat die Kompetenz der Bischofskonferenz vor Augen haben solle, wird in den Normen von 1972 die in *Ecclesiae Sanctae* vorgesehene Erstellung der absoluten Listen von der Bischofskonferenz auf die Ebene der Provinz verlagert. Die nationale Bischofskonferenz kann aufgrund eines mit Zweidrittelmehrheit gefaßten Beschlusses nur veranlassen, daß die Listen ihrem Vorsitzenden oder einem dafür bestellten Ausschuß zu ergänzender Stellungnahme vorgelegt werden.

Der Rahmen für Konsultationen wurde ein wenig erweitert. Im absoluten Listenverfahren können Mitglieder des Presbyteriums sowie Laien einzeln zu Rate gezogen werden, ausdrücklich ausgeschlossen sind aber die diözesanen Gremien. Im relativen Listenverfahren ist eine Konsultation auch der Gremien über die Bedürfnisse der Diözese möglich, zur Unterbreitung des Dreiervorschlages holt der Legat jedoch nur Vorschläge des Episkopates ein. Erst im Inquisitionsprozeß zur Überprüfung der Eignung der auf diese Weise vorgeschlagenen Kandidaten können auch wieder Presbyter, Religiosen und Laien konsultiert werden.

Zusammenfassung der 8. Station: Die Weisung des II. Vatikanums in Art. 20 *Christus Dominus* richtet sich explizit gegen die Mitwirkung staatlicher Obrigkeiten und läßt, wie die Genese zeigt, den Weg für eine künftige Mitwirkung der Laien offen, ohne eine solche allerdings zu fordern. Es finden sich also nur Anstöße des Konzils hinsichtlich der Mitwirkung des Presbyteriums und des übrigen Volkes bei der Bischofsbestellung.

Die im Zuge des II. Vatikanums ausgelöste gedämpfte Schwingung war auch im Bischofsbestellungsrecht zu konstatieren, wie das *motu proprio* »Sollicitudo omnium ecclesiarum« über die Aufgaben der päpstlichen Legaten 1969 und das Dokument des Rates für die öffentlichen Angelegenheiten der Kirche »Episcoporum delectum« 1972, das die in *Ecclesiae Sanctae* angekündigten Normen für die Bischofsbestellung in der lateinischen Kirche enthält, deutlich machen.

9. Station: Der Codex Iuris Canonici 1983[27]

Die durch die nachkonziliare Gesetzgebung bestimmte Richtung erfuhr im Rahmen der konsultativen Arbeit der Kodexkommission wieder eine schwache Gegenbewegung. Im ersten Entwurf war der Hinweis vorgesehen, daß die freie Ernennung durch den Papst die forma iuris communis sei. In c. 377 § 1 werden hingegen freies päpstliches Ernennungsrecht und die päpstliche Bestätigung des rechtmäßig Gewählten als gleichwertige Modi nebeneinandergestellt. Die Wahl wird also nicht mehr als auf einem Zugeständnis beruhende defiziente Form bezeichnet.

In § 2 wird das absolute Listenverfahren normiert. Zuständig sind die Komprovinzialen, die jedoch nicht mehr jährlich - wie im Entwurf vorgesehen -, sondern nur mehr alle drei Jahre sich zu diesem Zweck versammeln sollen. Ebenfalls

[27] Lit.: H. Schmitz: Der Diözesanbischof, in: *Handbuch des katholischen Kirchenrechts*, hg. von J. Listl/H. Müller/H. Schmitz.

noch nicht im Entwurf des Kanons enthalten war die ausdrückliche Normierung, daß jeder einzelne Bischof das Recht hat, Namen von episcopabiles mitzuteilen. Auch in diesen letzten Änderungen schimmert das Abrücken vom kollegialen Modell durch.

§ 3 enthält eine etwas unklare Regelung des relativen Listenverfahrens in bezug auf den dem Apostolischen Stuhl vorzulegenden Dreiervorschlag, da nicht klar ausgedrückt ist, wer den Dreiervorschlag zu erstellen hat. Die Formulierung scheint eher dafür zu sprechen, daß der Vorschlag aus der Partikularkirche zu kommen hat. Auch wenn man - entsprechend »Sacrae disciplinae leges« - zur Klärung dieses dubiums die relevante Stelle in *Lumen Gentium* 24 heranzieht, wird diese Auffassung bestätigt. Die andere Lesart wäre, daß der päpstliche Legat den Ternovorschlag aufgrund seiner Recherchen zu machen hat.

Während das relative Listenverfahren im 19. Jahrhundert mehr und mehr zugunsten des absoluten Systems zurückgedrängt wurde, weil dieses die tatsächliche Freiheit des Apostolischen Stuhles besser zu gewährleisten vermag, wie Mörsdorf noch 1964 ausdrücklich betont, zeigt sich parallel zur Aufwertung der Mitwirkung des päpstlichen Legaten die entgegengesetzte Tendenz zugunsten des relativen Systems, allerdings mit dem gleichen Ziel.

§ 4 regelt die Bestellung des erbetenen Auxiliarbischofs.

§ 5 schließlich bringt das Verbot, zukünftig weltlichen Autoritäten Rechte und Privilegien in bezug auf die Wahl, Nomination, Präsentation oder Designation von Bischöfen einzuräumen.

10. Station: Eine katholische Alternative: Die Ostkirchen[28]

(1) Es gibt in der gegenwärtigen ökumenischen Diskussion kaum einen öfter zitierten Satz als die Feststellung Joseph Ratzingers, daß Rom nicht mehr an Primatslehre vom Osten fordern müsse, als auch im ersten Jahrtausend formuliert und gelebt wurde.[29] Diese Aussage enthält übrigens eine Herausforderung an die Kanonistik, der sie sich kaum noch gestellt hat. Ein klassisches Beispiel für eine westliche Sonderentwicklung stellt das päpstliche Ernennungsrecht dar. Dieses hat daher für die katholischen Ostkirchen grundsätzlich nie gegolten. In diesem Sinne wies auch der melkitische Patriarch Maximos IV. Saigh am II. Vatikanum darauf hin, daß das päpstliche Ernennungsrecht eigentlich patriarchales lateinisches Kirchenrecht sei.

Das Charakteristikum der östlichen Entwicklung lag - wie bereits erwähnt - darin, daß sich im ersten Jahrtausend das Bischofswahlrecht als synodales Recht exklusiv auf die Bischöfe verlagerte. Das Volk war weiterhin im Vorfeld der Wahl bei der Suche nach geeigneten Kandidaten zu befragen. Es etablierten sich jedoch in der Folgezeit wieder rechtsförmliche Mitwirkungsrechte von Laien und Klerikern, teilweise aufgrund des Fortwirkens lokaler Traditionen, teilweise aufgrund neuer Voraussetzungen. Präfeudale großfamiliäre Strukturen, wie sie besonders ausgeprägt bei Maroniten und Ostsyrern vorhanden waren und sind, spielen hier ebenso eine Rolle wie die durch die islamische Herrschaft geschaffenen Bedingungen, die die christlichen Hierarchen in politische Funktionen brachten.

Diese Mitwirkungsrechte äußerten sich im Recht der Aufstellung der Kandidaten auf einer Versammlung durch Klerus

---

[28] Lit.: M. Brogi: Nomine vescovili nelle Chiese Orientali Catoliche, in: *Kanon* 7 (1985) 124-141; J. Khoury: Die Bischofswahl in den Ostkirchen, in: *Concilium* 17 (1981) 549-555; V. Pospishil: *Code of Oriental Canon Law. The Law on Persons*, Philadelphia 1960; I. Zuzek: Canones de Episcopis, in: *Nuntia* 9 (1979) 3-61.

[29] J. Ratzinger: *Theologische Prinzipienlehre. Bausteine zur Fundamentaltheologie*, München 1982, 209. Siehe auch den Beitrag von G. Greshake in diesem Band.

und Volk, im Recht der Anwesenheit der Notablen bei der Wahl sowie in der Zweistufigkeit der Wahl, wobei in einem ersten Schritt drei Kandidaten durch die Bischöfe in der Synode gewählt wurden, aus denen der Weltklerus in einem weiteren Verfahrensschritt die Wahl des Bischofs vornahm.

(2) Aus der Vielfalt der Bestimmungen für katholische Ostkirchen in der späten Neuzeit, die auch innerhalb einzelner Rituskirchen vorzufinden sind, seien zwei charakteristische Beispiele gebracht.

(a) In den alten starken Patriarchalkirchen wie der maronitischen (1736 ausdrücklich) und melkitischen Kirche war weder eine vorhergehende Bevollmächtigung noch eine nachträgliche Bestätigung der Wahl durch den Papst vorgesehen. Erst Benedikt XV. hat die bis dahin übliche Kenntnisnahme der Wahl um die Formel 'ratam habuit' in Richtung auf ein Bestätigungsrecht erweitert.

(b) In der syrischen Kirche hat die Synode die Wahl auf Vorschlag eines Kandidaten durch Klerus und Volk des vakanten Sitzes vorgenommen. 1854 wurde das Vorschlagsrecht auf drei Kandidaten erweitert sowie schließlich ausdrücklich die päpstliche Bestätigung normiert.

(c) In der armenischen und chaldäischen Kirche versuchte Rom in der zweiten Hälfte des 19. Jahrhunderts eine Latinisierung durch eine Angleichung an das sich in der lateinischen Kirche durchsetzende Listenverfahren, und zwar die Aufstellung der Kandidaten durch die Synode und die Auswahl des neuen Bischofs durch den Heiligen Stuhl. Aufgrund des Widerstandes in den beiden Kirchen widerrief Pius IX. seine Regelungen und behielt sich wie in der syrischen Kirche nur mehr das Bestätigungsrecht des synodal Gewählten vor.

(d) In den nichtpatriarchalen Rituskirchen in alten orientalischen Gebieten bestand ebenso wie in den Diasporagebieten grundsätzlich ein päpstliches Ernennungsrecht.

(3) 1951 wurde ein neues Bischofsbestellungsrecht für alle katholischen Ostkirchen durch ein Schreiben an alle Oberhirten dieser Kirchen eingeführt. Diese Regelung war dann auch in der Kodifikation des ostkirchlichen Personenrechtes durch das

motu proprio »Cleri Sanctitati« 1957 enthalten. Die nunmehr einheitliche Lösung beruhte für die Patriarchalkirchen im wesentlichen auf den bis dahin geltenden Bestimmungen für Syrer, Armenier und Chaldäer, was vor allem eine Beschränkung der Autonomie der melkitischen und maronitischen Kirche bedeutete.
Zwei Verfahrensweisen waren vorgesehen:
(a) Eine Wahl mit nachfolgender Bestätigung durch den Heiligen Stuhl unter absoluter Geheimhaltung bis zur Bestätigung.
(b) Die Vorlage einer Liste von Wählbaren zur Erlangung des päpstlichen nihil obstat mit nachfolgender Wahl aus der Liste der »episcopabiles«.
(4) Das Konzilsdekret *Orientalium Ecclesiarum* hat in Artikel 9 bestimmt, daß die Rechte und Privilegien der Patriarchen nach den alten Traditionen jeder Kirche und nach den Beschlüssen der Ökumenischen Konzile wiederhergestellt werden sollen. Unter Berufung auf diese Konzilsbestimmung hat die durch die Regelung von *Cleri Sanctitati* am unmittelbarsten betroffene melkitische Kirche erklärt, sie werde bei der Wahl neuer Bischöfe auf ihr altes Recht zurückgreifen und nicht mehr *Cleri Sanctitati* in Anwendung bringen, insbesondere was die Verpflichtung betrifft, für die Listen der Wählbaren oder für die Bischofswahl selbst die Bestätigung durch den Apostolischen Stuhl einzuholen. Die Antwort des Staatssekretariats enthält einen geradezu klassischen Katalog römischer Argumentation, in der paternalistische Bevormundung und praktische Politik dominieren:
- Das Eingreifen Roms hatte sich für die Ostkirchen stets als vorteilhaft erwiesen.
- Die Bestätigung sei von den Ostkirchen erbeten worden, nicht von Rom aufgedrängt.
- Rom könne die Kirchen besser gegen die Eingriffe weltlicher Autoritäten verteidigen.
- Auch alte Rechte müssen den gegenwärtigen Verhältnissen angepaßt werden.

In der Folge ließ sich eine gewisse Annäherung der Standpunkte feststellen, die auch darin zum Ausdruck kommt, daß von seiten Roms offziell nicht mehr von Bestätigung, sondern von Zustimung bei Bischofswahlen in Ostkirchen gesprochen wurde.

(5) Die Kommission für die Kodifikation des katholischen Ostkirchenrechts hat dem Bischofsbestellungsrecht entsprechende Aufmerksamkeit geschenkt. Der Relator der Kanones »De Episcopis«, Ivan Zuzek, zugleich Sekretär der Kommission, betont, daß dem Entwurf intensive Überlegungen und Erforschung der Verfahren in den einzelnen Patriarchalsynoden nach dem Konzil zugrunde liegen. Das Ergebnis der Kommissionsarbeit war ein Kompromiß, der sich aus der angeführten nachkonziliaren Auseinandersetzung ergab. Die Kanones 178 bis 187 des Schemas von 1987 enthalten ein Verfahren, durch das die beiden modi von *Cleri Sanctitati* zusammengefaßt wurden. Danach werden die Kandidaten von den Mitgliedern der Bischofssynode vorgeschlagen. Nach Erhebung von Informationen wird eine Kandidatenliste der Synode vom Patriarchen zur Einholung des Assenses nach Rom geschickt. Eine einmal erteilte Zustimmung bleibt aufrecht, solange sie nicht ausdrücklich zurückgenommen wird. Die Bischöfe werden durch die Bischofssynode frei gewählt und, wenn sie bereits auf der Liste standen, zur gleichen Zeit in Rom und ihrer Diözese proklamiert. Wenn sie bislang noch nicht die päpstliche Zustimmung erlangt haben, muß diese erst eingeholt werden, ehe die Wahl proklamiert wird.

Zusammenfassung der 10. Station: Trotz der mit dem Konzil einsetzenden Trendumkehr beharrt Rom also auch gegenüber den katholischen Ostkirchen letztlich auf einer Regelung, die nicht der Tradition des ersten Jahrtausend sowie dem Recht einzelner Patriarchalkirchen bis in das 19. und 20. Jahrhundert entspricht.

III. Epilog

Zwei abschließende Bemerkungen:

Die Geschichte des Wahlrechtes ist auch die Geschichte der Begründung für die Folgepflicht der Minderheit. Vorneuzeitlich, vor allem solange der Konsens als Sichtbarmachung eines Vorgegebenen verstanden wird, besteht die Folgepflicht in der Beschlußfassung, andernfalls ist der Konflikt auf anderer Ebene auszutragen. Neuzeitlich muß die Minderheit nach der konstitutiv wirkenden Beschlußfassung - demokratisch in die Pflicht genommen - folgen. Es ist ein Charakteristikum unserer spätneuzeitlichen Übergangsgesellschaft, daß man die Standpunkte der Minderheit wieder mehr achtet, wodurch es zur Verstärkung der Selbstbestimmung in kleineren Einheiten kommt. Die Ortskirchenekklesiologie des II. Vatikanums und das Subsidiaritätsprinzip machen deutlich, daß darin fundamentale christliche Anliegen zum Ausdruck kommen.

Die zweite abschließende Bemerkung schließt an die Begründung für die Vorgangsweise bezüglich des Bischofsbestellungsrechtes, wie sie in der Antwort des Staatssekretariats an die melkitische Kirche enthalten ist, an. Hier heißt es: »Man muß alte Privilegien und Rechte den geänderten Verhältnissen anpassen.« Abgesehen davon, daß an diese Argumentation in anderen Bereichen zu erinnern wäre, meine ich, daß sie auch bezogen auf das Bischofsbestellungsrecht zu einem anderen Ergebnis führen müßte. Ich will dabei gar nicht auf die ekklesiologischen Grundlagen, die noch Gegenstand von Referaten sein werden, eingehen. Meine Überlegungen knüpfen an die Tradition der neuzeitlichen Rechtsentwicklung an. Die zunehmende Verrechtlichung dient der Begrenzung der Macht und der Sicherung der durch diese gefährdeten Ansprüche. Auch die entsprechende Durchbildung der kirchlichen Rechtsordnung im Rahmen der societas-perfecta-Lehre hatte so als Instrument der Abwehr staatlicher Eingriffe eine bedeutsame Funktion. Regelungen, die die Aufgabe hatten, die Freiheit der kirchlichen Selbstbestimmung vor staatlichen Eingriffen im Bereich der Ämterbeseztung zu schützen, werden nun undifferenziert auf die Abwehr der Partizipation des Volkes Gottes übertragen. Damit wird aber die zentrale Aufgabe auch des Kirchenrechts verkehrt, weil strukturelle Schwächen nicht ausgeglichen, sondern verstärkt werden, wenn nicht die

Kirche vor der Anmaßung des Staates geschützt wird, sondern kurialer Zentralismus vor der Partizipation der Gläubigen.

Alexander Hollerbach

Staat und Bischofsamt*

I. Zur Themenstellung

Der Titel meines Vortrags ist global und pauschal. Den Kenner erinnert er an eine vor 50 Jahren erschienene Schrift von *Werner Weber*: »Die politische Klausel in den Konkordaten. Staat und Bischofsamt« (Hamburg 1939). Die Formel kam dort zwar nur im Untertitel vor, während im Haupttitel von der politischen Klausel in den Konkordaten die Rede ist, jenem Rechtsinstitut also, wonach ein Staat befugt ist, politische Bedenken gegen einen Kandidaten für das Bischofsamt geltend zu machen. Aber die Formel »Staat und Bischofsamt« läßt den großen Zusammenhang deutlich werden, innerhalb dessen die politische Klausel der Konkordate nur ein Teilstück ist.

Vor genau vierzig Jahren hat dann *Joseph H. Kaiser* auf diese Schrift von Werner Weber geantwortet, sich ebenso nobel wie eindringlich damit auseinandergesetzt, ohne die Formel »Staat und Bischofsamt« noch einmal im Titel aufzugreifen.[1] Aber in der Sache ging es genau darum, und dieser Autor hat dafür mit seiner damaligen Tübinger Dissertation bis heute Maßstäbe gesetzt.

Wenn ich daran anknüpfe, so bleibt indes zu betonen, daß nicht alle Aspekte der großen Gesamtthematik behandelt werden können. In spezifischer Weise geht es um die staatskirchenrechtlichen Bezüge des Verfahrens der Berufung in das Amt des *katholischen Bischofs*, und zwar unter besonderer Berücksichtigung der Rechtslage in der Bundesrepublik Deutschland - dies in der Hoffnung, damit auch zum Verständnis für konkrete Geschehnisse beizutragen, die den Anlaß für die Be-

---

* Redaktionell überarbeitete Vortragsfassung. Einige Passagen des Manuskripts waren aus Zeitgründen mündlich nicht vorgetragen worden.

1 *Die politische Klausel der Konkordate*, Berlin-München 1949. Vgl. auch ders.: Politische Klausel, in: *RGG*³ V (1961), Sp. 445f.

handlung dieser Thematik im Rahmen unserer heutigen Akademie-Tagung gegeben haben.

»Staat und Bischofsamt«: das deckt freilich auch Fragen nach dem Verhältnis von Staat und Bischofsamt in anderen christlichen Kirchen, so in der Orthodoxie, in der anglikanischen Kirche, in den evangelischen Kirchen. Aus diesem Komplex kann ich lediglich in bezug auf die Rechtslage in der Bundesrepublik Deutschland einige Ausführungen zu »Staat und evangelisches Bischofsamt« machen, soweit dazu im Vergleich mit der katholischen Kirche Anlaß besteht.

II. Historische Paradigmata

Das Thema hat eine, fast möchte ich sagen: gewaltige historische Dimension, jedenfalls im Bereich des christlichen Europa, ja es bildet langehin eine wesentliche Komponente oder gar Dominante in der Geschichte des Verhältnisses von Staat und Kirche. Der Begriff »Investiturstreit« ist dafür geradezu wie ein Symbol. Die kurze Erinnerung daran soll insbesondere bewußt machen, daß es bei dem damit bezeichneten Sachproblem nicht nur um Fragen von organisatorisch-rechtstechnischer Bedeutung geht, sondern daß hier ganz Prinzipielles auf dem Spiel steht, nämlich die Unterscheidung und Zuordnung von Temporalia und Spiritualia, von Religion und Politik, von Staat und Kirche.

Um nun nicht im Allgemeinen und Abstrakten zu verbleiben, blende ich mich, was die geschichtliche Entwicklung anlangt, am Anfang des 19. Jahrhunderts ein, in den durch Revolution und Säkularisation tiefgreifend veränderten Kontext, und mache die Problematik an zwei Dokumenten fest, nämlich am Paradigma des napoleonischen Konkordats und - ganz konkret auf unsere Region bezogen - an den für die Begründung der oberrheinischen Kirchenprovinz und des Erzbistums Freiburg maßgebenden Rechtsinstrumenten.

Das Konkordat von 1801[2], insoweit ganz in der Linie der gallikanischen Tradition, gewährt dem Ersten Konsul das Nominationsrecht. Das bedeutet: das französische Staatsoberhaupt wählt de jure den Bischofskandidaten frei aus und benennt ihn rechtsverbindlich. Dem Papst kommt lediglich die kanonische Einsetzung, die »institutio« zu. Das Domkapitel hat keinerlei Rechte. Staatsoberhaupt und Papst stehen sich unmittelbar gegenüber, zwei Souveränitäten begegnen sich in diesem dyarchischen Modell. Der Staat weiß um die geistliche Macht der Bischöfe, die für ihn Stabilitätsgaranten sein sollen. Und so ist es nur konsequent, wenn der Bischof vor seinem Amtsantritt einen Eid folgenden Wortlauts zu schwören hat: »Ich schwöre und verspreche Gott, bei den heiligen Evangelien, Gehorsam und Treue der Regierung gegenüber zu wahren, die durch die Verfassung der französischen Republik eingesetzt ist. Ich verspreche auch, keinerlei Einvernehmen zu haben, keiner Beratung beizuwohnen, keine Verbindung zu unterhalten, sei es im Ausland oder Inland, die der öffentlichen Ruhe entgegensteht; und wenn ich - in meiner Diözese oder anderswo - erfahre, daß etwas zum Schaden des Staates angezettelt wird, werde ich es der Regierung zur Kenntnis geben.«

Kommen wir auf die rechte Rheinseite, so stehen wir insofern vor einer anderen Situation, als sich hier die Domkapitel mit ihren Rechten weitgehend erhalten haben bzw. neu ausgestattet worden sind. Das Grundmuster ist hier nun nicht das Gegenüber von landesherrlicher Nomination und päpstlicher Institution, sondern das Miteinander von domkapitularischer Wahl und päpstlicher Konfirmation (Bestätigung). Der Einfluß des Staates ist dabei aber mitnichten beseitigt worden, in Wirklichkeit besteht ein Dreiecksverhältnis. Ein Kandidat, der dem Landesherrn »mindergenehm«, also eine »persona minus grata« war, konnte nicht gewählt werden. Der Landesherr hatte ein umfassendes, auch Rom gegenüber verbindliches

---

2 Deutsche Übersetzung bei E.R. Huber/W. Huber: *Staat und Kirche im 19. und 20. Jahrhundert. Dokumente zur Geschichte des Deutschen Staatskirchenrechts*, Bd. I, Berlin 1973, 12-14.

Streichungsrecht bis zur Grenze eines »numerus sufficiens«, der übrig bleiben mußte. Außerdem konnte die Wahl des Kapitels von einem Staatskommissar beaufsichtigt werden. Es versteht sich fast von selbst, daß auch ein Treueid vorgeschrieben war, und zwar nach dem Modell des napoleonischen Konkordats.[3]

Entsprechende Regelungen galten für Preußen und Hannover, während das Bayerische Konkordat von 1817 dem französischen Vorbild folgte: Nominationsrecht des Königs, kein Wahlrecht der Domkapitel.

III. Die Konkordate nach dem Sturz der Monarchie

Wenn wir die Entwicklungen nach dem Sturz der Monarchie 1918/19 ins Auge fassen[4], wo selbstverständlich für ein landesherrliches Nominationsrecht, aber auch für eine Unterwerfung der Wahl unter die staatliche Vormundschaft kein Platz mehr war, wo sich andererseits nicht ein System strikter Trennung durchsetzen konnte, sondern wo auf der Grundlage prinzipieller »Scheidung in der Wurzel« freiheitliche Koordination und Kooperation möglich blieben, haben wir die vergangene Geschichte als Hintergrund des Heute schon verlassen und befinden uns auf der Ebene des noch heute geltenden Rechts. Dieses ergibt sich nämlich aus dem Zusammenspiel der primär geltenden Landeskonkordate von Bayern (1924), Preußen (1929) und Baden (1932) mit dem subsidiär geltenden Reichskonkordat vom 20. Juli 1933[5]. Dabei zeigt sich in bezug

---

3 Für die oberrheinische Kirchenprovinz bzw. für die Erzdiözese Freiburg vgl. dazu die Bulle »Ad dominici gregis custodiam« vom 11. April 1827 (bei E.R. Huber/W. Huber, a.a.O. 268f.) und die Landesherrliche Fundations-Urkunde vom 16. Oktober 1827 (ebd. 275f.).

4 Grundlegend dazu nach wie vor K. Mörsdorf: *Das neue Besetzungsrecht der bischöflichen Stühle unter besonderer Berücksichtigung des Listenverfahrens*, Bonn-Köln 1933. Vgl. auch L. Link: *Die Besetzung der kirchlichen Ämter in den Konkordaten Papst Pius' XI.*, Bonn 1942 (Neudruck Amsterdam 1964).

5 Die maßgebenden Texte allesamt bei J. Listl (Hg.): *Die Konkordate und Kirchenverträge in der Bundesrepublik Deutschland*, 2 Bde., Berlin 1987. Die Län-

auf unsere Frage, daß sich die unterschiedliche historische Ausgangslage, wie sie sich im 19. Jahrhundert ergeben hat, fortsetzt, derart nämlich, daß die Rechtsgebiete des Bayerischen Konkordats einerseits, des Preußischen und des Badischen Konkordats andererseits zu unterscheiden sind.

(1) Für die Kirchenprovinzen München-Freising und Bamberg - diese schließt die Diözese Speyer mit ein - sind Art. 13 und 14 des Bayerischen Konkordats maßgebend. »In der Ernennung der Erzbischöfe und Bischöfe hat der Hl. Stuhl volle Freiheit«, so wird hier deutlich hervorgehoben. Immerhin ergeben sich aus dem nachfolgenden Text gewisse Modifikationen.

(a) Alle bayerischen Bischöfe und Kapitel legen alle drei Jahre Listen von episkopablen Kandidaten vor, sog. absolute Listen.

(b) Im Falle der Sedisvakanz kommt eine sog. relative Liste des betreffenden Kapitels hinzu, die dem Hl. Stuhl unmittelbar zu unterbreiten ist, also eine Liste von Kandidaten, »die für das bischöfliche Amt würdig und für die Leitung der erledigten Diözese geeignet sind«.

(c) Der Hl. Stuhl behält sich, wie es ausdrücklich heißt, unter den auf diesen Listen Bezeichneten freie Auswahl vor, aber, und das muß man verdeutlichend hinzufügen: er hat sich gebunden, nur einen auf einer Liste figurierenden Kandidaten zu ernennen. Diese Bindung an die Listen ist ein gewisser Ausgleich für das fehlende Wahlrecht der Domkapitel. Die amtliche Regierungsbegründung sieht die Bedeutung dieses »Zugeständnisses« insbesondere darin, daß so nur ein von der »bayerischen kirchlichen Körperschaft« empfohlener Priester auf einen bayerischen Bischofsstuhl gelangen kann.[6]

(d) Wenn der Hl. Stuhl sich auf einen bestimmten Kandidaten festgelegt hat, dann muß es zu einer Fühlungnahme mit dem Staat kommen. Vor der Publikation der Ernennungsbulle nämlich wird der Hl. Stuhl, so lautete der Text, in offizieller Weise mit der Bayerischen Regierung in Verbindung treten, »um

---

derkonkordate der Weimarer Zeit jetzt auch bei E.R. Huber/W. Huber, a.a.O., Bd. IV, 1988, 293ff.

6 Text bei J. Listl, a.a.O., Bd. I, 310.

sich zu versichern, daß gegen den Kandidaten Erinnerungen politischer Natur nicht obwalten«. In dieser lapidaren, nicht näher spezifizierten Form tritt das Rechtsinstitut der politischen Klausel erstmals in der deutschen Konkordatsgeschichte in Erscheinung.

(e) Einen bischöflichen Treueid sieht das Bayerische Konkordat nicht vor.

(2) Daß sich das bayerische System - listengebundenes päpstliches Ernennungsrecht - im übrigen Deutschland durchsetzen würde, war von vornherein unwahrscheinlich. Schon früh hat sich Preußen zum Anwalt der Domkapitel gemacht.[7] Nach dem Preußischen Konkordat (Art.6) werden sie nicht nur im Rahmen eines Listenverfahrens beteiligt, sondern sie besitzen ein - freilich erheblich eingeschränktes - Wahlrecht. Im einzelnen wurde zwischen der kurialen Forderung nach der Gewährleistung des päpstlichen Ernennungsrechts und deutscher Tradition ein Kompromiß folgenden Inhalts gefunden:

(a) Ein absolutes Listenverfahren ist nicht vorgesehen.

(b) Im Fall einer Sedisvakanz erstellt das betreffende Kapitel eine Liste, aber dies tun auch - je für sich - alle Diözesanerzbischöfe und -bischöfe Preußens.

(c) Diese Listen hat der Hl. Stuhl zu »würdigen«, d. h. ernstlich zu erwägen. Er ist freilich de jure nicht daran gebunden, weder an die Liste des Kapitels noch an die Vorschläge der Bischöfe.

(d) Der Hl. Stuhl unterbreitet sodann nach Abschluß dieses Prozesses der Würdigung der Listen dem Kapitel eine Liste mit drei Personen, »aus denen es in freier, geheimer Abstimmung zu wählen hat«. Mit dem Wahlrecht statuiert das Konkordat mithin auch eine Wahlpflicht, ohne aber Vorkehrungen für den Fall vorzusehen, daß eine Wahl nicht zustandekommt, und auch ohne nähere Bestimmungen über das Verfahren der Wahl im einzelnen zu treffen.

---

[7] Vgl. dazu aus dem neueren Schrifttum D. Golombek: *Die politische Vorgeschichte des Preußenkonkordats (1929)*, Mainz 1970. Zur Gesamtwürdigung unerläßlich auch H. Mussinghoff: *Theologische Fakultäten im Spannungsfeld von Staat und Kirche*, Mainz 1979.

(e) Hat so das Preußische Konkordat das, wie es in der Regierungsbegründung heißt, »altüberlieferte Wahlrecht«[8] bekräftigt, so setzt es die Linie der politischen Klausel fort, wie wir ihr schon im Bayerischen Konkordat begegnet sind: »Der Hl. Stuhl wird zum Erzbischof oder Bischof niemand bestellen, von dem nicht das Kapitel nach der Wahl durch Anfrage bei der preußischen Staatsregierung festgestellt hat, daß Bedenken politischer Art gegen ihn nicht bestehen.« Daran ist wichtig festzuhalten, daß Partner der Regierung in bezug auf die Anfrage wegen politischer Bedenken nicht der Hl. Stuhl ist, sondern das Kapitel - auch damit sollte dessen Rang unterstrichen werden.

(f) Eine nicht unwichtige Klarstellung bringt das Preußische Konkordat in Art. 7 auch insoweit, als sich der Hl. Stuhl verpflichtet, auch im Falle der Ernennung eines Koadjutors bei der Regierung anzufragen, ob Bedenken politischer Art bestehen.

(g) Ebensowenig wie das Bayerische Konkordat kennt das Preußische einen Treueid.

(3) Das Badische Konkordat (Art. III mit Schluß- und Zusatzprotokoll)[9] bleibt beim Wahlrecht des Domkapitels und bei dem Grundmodell des Preußischen Konkordats, weist aber einige bemerkenswerte Besonderheiten auf.

(a) Der Erzbischof ist verpflichtet, jährlich eine Liste von geeigneten Kandidaten einzureichen. Die anderen Bischöfe der Kirchenprovinz sind nicht beteiligt.

(b) Das Kapitel stellt im Fall der Sedisvakanz eine relative Liste auf.

(c) Diese Listen sind zu »würdigen«, ohne daß eine rechtliche Bindung bestünde. Nur in einem Punkt ergibt sich eine klare Bindung: Unter den auf der römischen Dreier-Liste Benannten muß mindestens ein Angehöriger der Erzdiözese Freiburg

---

8 J. Listl, a.a.O., Bd. II, 730.

9 Grundlegend jetzt S. Plück: *Das Badische Konkordat vom 12. Oktober 1932*, Mainz 1984. Vgl. auch A. Hollerbach: Das Badische Konkordat vom 12. Oktober 1932, in: *Beiträge zur Rechtsgeschichte. Gedächtnisschrift für Hermann Conrad*, hg. von G.Kleinheyer/P. Mikat, Paderborn 1979, 283-305.

sein. Das muß zwar nicht einer derjenigen sein, die vom Kapitel oder vom Erzbischof benannt wurden. Aber immerhin kommt darin zum Ausdruck, daß man dem Gesichtspunkt der Verbindung mit der Ortskirche einen positiven Stellenwert einräumt. Insofern handelt es sich bei dieser Klausel um ein nach vorn weisendes Element, ein Element freilich, das eine Grundbestimmung der Verträge des 19. Jahrhunderts aufgreift, wonach die Listen-Kandidaten dem Diözesanklerus angehören mußten.

(d) Was die politische Klausel anlangt, so obliegt nach den Regelungen des Badischen Konkordats die Anfrage bei der Staatsregierung dem Hl. Stuhl, nicht dem Kapitel. Bemerkenswert sind aber Spezifikationen der politischen Klausel selbst, die ihrerseits eine Entwicklung im deutschen Staatskirchenvertragsrecht widerspiegeln. Die Anfrage bezieht sich darauf, ob gegen den in Aussicht genommenen Kandidaten Bedenken allgemein-politischer Art bestehen; damit werden ausdrücklich Bedenken parteipolitischer Art ausgeschlossen. Des weiteren wird ein förmliches Verfahren für den Fall vorgesehen, daß tatsächlich Bedenken erhoben werden. Es soll der Versuch gemacht werden, zu einer Einigung zu kommen. »Führt aber der vorgesehene Versuch zu keiner Einigung, dann ist der Hl. Stuhl frei, die Besetzung des Erzbischöflichen Stuhles in Freiburg zu vollziehen.« Es ist - mit anderen Worten - klargestellt, daß der staatliche Einspruch nicht die Kraft eines absoluten Vetos hat.

(e) Das Badische Konkordat folgt der Linie des Preußischen, wenn es vorsieht, daß das Verfahren der politischen Klausel auch im Falle der geplanten Bestellung eines Koadjutors zur Geltung kommt. Weitergehend und von einem politischen Bedenkenrecht ganz abgesehen sieht das Badische Konkordat überhaupt vor, daß - gewissermaßen als Ausgleich für das hier nicht greifende Wahlrecht - für den Fall der Bestellung eines Koadjutors der Hl. Stuhl »im Benehmen« mit der Badischen Staatsregierung vorgehen wird.

(f) Ebensowenig wie die anderen Landeskonkordate kennt das Badische einen Treueid.

(4) Im *Reichskonkordat* (Art. 14 mit Schlußprotokoll)[10] konnte an die bis dahin erfolgte Entwicklung unmittelbar angeknüpft werden, und zwar in folgender Weise:
(a) Die Freiburger Regelung wurde auch auf Rottenburg und Mainz erstreckt, ferner auf Meißen, d. h. auf den gesamten bis dahin konkordatsfreien Rest Deutschlands.
(b) Es wurde textlich klargestellt, daß die Einwendungen nur auf Gesichtspunkte allgemein-politischer Natur gestützt werden können.
(c) Zwar wurde nicht vorgesehen, daß ein Einigungsversuch stattfinden muß. Es ist indes eine Frist vereinbart worden, innerhalb deren eventuelle Einwendungen vorgebracht werden müssen. Am wichtigsten aber ist die in das Schlußprotokoll aufgenommene Klarstellung: »Ein staatliches Vetorecht soll nicht begründet werden.« Die Geltendmachung von Bedenken hätte mithin nur die Wirkung eines suspensiven Vetos.
(d) Das Reichskonkordat hat allerdings das bisherige System mit Wirkung für ganz Deutschland durch die (Wieder-) Einführung eines Treueides ergänzt. Es empfiehlt sich, den Wortlaut von Art. 16 in Erinnerung zu rufen: »Bevor die Bischöfe von ihrer Diözese Besitz ergreifen, leisten sie in die Hand des Reichsstatthalters in dem zuständigen Land bzw. des Reichspräsidenten einen Treueid nach folgender Formel: 'Vor Gott und auf die heiligen Evangelien schwöre und verspreche ich, so wie es einem Bischof geziemt, dem Deutschen Reich und dem Lande .... Treue. Ich schwöre und verspreche, die verfassungsmäßig gebildete Regierung zu achten und von meinem Klerus achten zu lassen. In der pflichtmäßigen Sorge um das Wohl und das Interesse des deutschen Staatswesens werde ich in Ausübung des mir übertragenen geistlichen Amtes jeden Schaden zu verhüten trachten, der es bedrohen könnte'.«

---

[10] Vgl. dazu zuletzt R. Morsey/A. Hollerbach: Reichskonkordat, in: *Staatslexikon*[7], Bd. IV (1988), Sp. 787-792. Es darf daran erinnert werden, daß schon in den sog. Koch-Weser-Richtlinien für ein Reichskonkordat von 1921 der Leitsatz enthalten war: »Die Wahl der Bischöfe erfolgt durch das Domkapitel«; Hinweis darauf bei E.R. Huber/W. Huber, a.a.O., Bd. IV, 281.

(5) Diese konkordatären Rechtsgrundlagen sind seit 1933 nicht verändert worden. Das System - mit seinen Eckpfeilern »politische Klausel« und »Treueid« - ist nach gewissen Unsicherheiten in der unmittelbaren Nachkriegszeit in den Jahrzehnten des Bestehens der Bundesrepublik Deutschland allenthalben praktiziert worden.[11] Im Niedersächsischen Konkordat von 1965 hat es insofern eine amtliche Bestätigung erfahren, als dessen Art. 3 Abs. 1 für die Besetzung der kirchlichen Ämter die Vorschriften des Preußischen Konkordats ausdrücklich für maßgeblich erklärt. In diesem Vertrag wurde im übrigen das System dadurch ergänzt, daß auch die Ernennung des Offizials von Vechta, d. h. des ständigen Stellvertreters des Bischofs von Münster für den Oldenburgischen Anteil seiner Diözese, wohl vor allem im Hinblick auf schulpolitische Fragen, dem Verfahren der politischen Klausel unterworfen wurde. Gem. Art. 3 Abs. 2 teilt der Bischof von Münster den Namen des in Aussicht Genommenen der Landesregierung vertraulich mit, um ihr die Möglichkeit zu geben, etwaige Bedenken allgemein-politischer Natur bezüglich dessen Person binnen 20 Tagen vorzubringen. »Der Bischof wird vor Ablauf des angegebenen Termins bzw. vor der Prüfung der vorgetragenen Bedenken die Ernennung nicht vornehmen.«
(6) Zum Gesamtkomplex gehören noch zwei Elemente, die für unser Thema relevant sind und die ich hier zusammenfassend nachtragen möchte:
(a) Es ist konkordatär festgelegt, daß Kandidaten für das Bischofsamt die deutsche Staatsangehörigkeit besitzen müssen. Aber schon das Preußische Konkordat hat vorgesehen, daß bei kirchlichem und staatlichem Einverständnis von diesem Erfordernis abgesehen werden kann. Das gilt auf Grund des Reichskonkordats für dessen gesamten Geltungsbereich. Eine indispensable Bindung an die Nationalität ist also nicht gegeben.

---

[11] Die besondere Haltung Hessens in der Konkordatsfrage lasse ich hier beiseite. Vgl. dazu G. Lenz: *Die Rechtsbeziehungen zwischen dem Land Hessen und der Katholischen Kirche unter besonderer Berücksichtigung der Bistumsverträge vom 9. März 1963 und 29. März 1974*, Frankfurt a.M. 1987.

(b) Nach alter Tradition kennen die Domkapitel neben den ordentlichen Mitgliedern, den sog. residierenden Kapitularen oder Kanonikern, auch nichtresidierende, also Ehrendomkapitulare. Sie vergrößern das jeweilige Gremium und kommen gerade im Falle der Bischofswahl zur Geltung. Ich zitiere dafür Art. 6 Abs. 2 des Preußischen Konkordats: »Bei der Aufstellung der Kandidatenliste und bei der Wahl wirken die nichtresidierenden Domkapitulare mit.« Entsprechendes sieht das Badische Konkordat vor, dort mit der Festlegung, daß vier nichtresidierende Kapitulare zu bestellen sind. Die amtliche Regierungsbegründung läßt etwas von den Motiven erkennen, wenn sie sagt: »Diese Erweiterung des Domkapitels als Wahlkapitel durch vier Ehrendomherren liegt in der Richtung einer möglichsten Einflußnahme des Diözesan-Klerus auf die Wahlen ...«[12] Es geht also um die Verbreiterung der Basis für eine Wahl, um deutlichere Repräsentanz jedenfalls des Klerus. Recht aufschlußreich ist übrigens die Freiburger Praxis bei der Vergabe dieser Ehrenkanonikate. Man berücksichtigt durch je einen Vertreter den Stadt- und den Landklerus, den Klerus Hohenzollerns und die Freiburger Theologische Fakultät als eine für die Kirche besonders bedeutsame Institution, deren (auch) kirchlicher Charakter damit unterstrichen wird.

IV. Der kirchen- und verfassungsrechtliche Kontext

Längst mag Sie beunruhigen, daß in der bisherigen Darstellung von dem jeweiligen kirchenrechtlichen und verfassungsrechtlichen Kontext sowie von sonstigen im Wortlaut der Konkordate nicht zum Ausdruck kommenden Faktoren abgesehen worden ist, die zum Verständnis des Konkordatsrechts notwendig hinzugehören, die zugleich aber auch für dessen Interpretation und konkrete Handhabung bedeutsam sind.
(1) Ich verfolge zunächst die kirchenrechtliche oder allgemeiner gesprochen: die innerkirchliche Linie.

---

[12] J. Listl, a.a.O., Bd. I, 162.

Im Gefolge des Vatikanum I hat c. 329 § 2 CIC/1917 das freie Ernennungsrecht des Papstes scharf hervorgekehrt: »eos (sc. Episcopos) libere nominat Romanus Pontifex.« Der Fall, daß einem Gremium ein Wahlrecht zusteht, war deutlich davon abgehoben; es war als Zugeständnis qualifiziert, als Ausnahme, das enger Interpretation unterlag.[13] Ein staatliches Nominations- oder Präsentationsrecht hatte keinen Platz im Codex. Aber soweit solche Rechte konkordatär begründet waren, konnten sie fortbestehen, da die Regel galt: Konkordate gehen vor Codex (c. 3). Der kirchliche Gesetzgeber hatte indes mit c. 329 § 2 eindeutig zu erkennen gegeben, wie es eigentlich sein sollte. Das freie Ernennungsrecht des Papstes war innerkirchliche Norm und konkordatspolitische Leitmaxime. Vor diesem Hintergrund ist die Lösung des Bayerischen Konkordats nahezu vollständig systemkonform, die für das übrige Deutschland geltenden Regelungen dagegen sind es nicht, wenngleich Rom mit der rechtlich nur geringfügig eingeschränkten Bestimmungsmacht über die sog. Terna seine Prävalenz behauptet, ein Umstand übrigens, der Ulrich Stutz dazu veranlaßt hat, in der preußischen Regelung nur »ein zugunsten des Kapitels und des Staates etwas umgebogenes, gemildertes päpstliches Besetzungsrecht«[14] zu sehen.

Das 2. Vatikanische Konzil hat zu der Frage, in welcher Weise innerkirchlich die Berufung ins Bischofsamt erfolgt, nicht ausdrücklich Stellung genommen. Immerhin wird in dem Text von *Christus Dominus* 20, der uns sogleich noch beschäftigen wird, das freie Ernennungsrecht des Papstes nicht als solches unterstrichen, sondern lediglich gesagt, es sei wesentliches, eigenständiges und ausschließliches Recht der »zuständigen kirchlichen Autorität«, Bischöfe zu ernennen und einzusetzen. Keinesfalls gibt der Text etwas dafür her, daß etwa die überkommene Rolle innerkirchlicher Gremien beschnitten oder beseitigt werden sollte. Umso deutlicher ist vielmehr die

[13] C. 329 §3 trifft in der Form der Verweisung eine Regelung über das Mehrheitserfordernis: »si cui collegium concessum sit ius elegendi Episcopum«.

[14] U. Stutz: Konkordat und Codex, in: *Sitzungsberichte der Preußischen Akademie der Wissenschaften, Philosophisch-historische Klasse*, 1930, Nr. XXXII, 702.

Stoßrichtung ad extra, die mit großer Entschiedenheit zum Ausdruck kommt: »Um daher die Freiheit der Kirche in rechter Weise zu schützen und das Wohl der Gläubigen besser und ungehinderter zu fördern, äußert das heilige Konzil den Wunsch, daß in Zukunft staatlichen Obrigkeiten keine Rechte oder Privilegien mehr eingeräumt werden, Bischöfe zu wählen, zu ernennen, vorzuschlagen oder zu benennen. Die staatlichen Obrigkeiten aber, deren Wohlwollen gegenüber der Kirche die Heilige Synode dankbar anerkennt und hochschätzt, werden freundlichst gebeten, sie mögen auf die genannten Rechte und Privilegien, die sie gegenwärtig durch Vertrag oder Gewohnheit genießen, nach Rücksprache mit dem Apostolischen Stuhl freiwillig verzichten.«

Dieses Postulat findet sich bekanntlich expressis verbis in c. 377 § 5 CIC/1983 wieder. Für unseren konkreten Zusammenhang ist dabei der Hinweis entscheidend, daß weder aus der Perspektive von *Christus Dominus* 20 noch unter der Geltung von c. 377 § 5 CIC/1983 die Möglichkeit einer »praenotificatio officiosa«, mithin das Verfahren der politischen Klausel, beseitigt oder in ihrer Legitimität angezweifelt werden sollte.[15]

Hatte das Konzil selbst für die Form der Berufung ins Bischofsamt weder eine konkrete Anordnung getroffen noch eine Direktive gegeben, so ist umso bemerkenswerter, daß die nunmehr einschlägige Grundnorm des c. 377 § 1 deutlich von c. 329 CIC/1917 abweicht: »Epicopos libere Summus Pontifex nominat, aut legitime electos confirmat.« Die Formen der freien Ernennung durch den Papst und der Bestätigung einer rechtmäßigen Wahl sind also prinzipiell gleichberechtigt nebeneinandergestellt.[16] Es gilt mithin normativ nicht mehr das alte Regel-Ausnahmeverhältnis. Wahl kann nicht mehr unter dem Vorzeichen einer bloßen Konzession betrachtet werden. Damit entfällt auch ganz konkret die Möglichkeit, bei der Interpretation einschlägiger Normen, seien sie solche des Codex

---

[15] Vgl. dazu die Kommentierung von K. Mörsdorf in: *LThK-Erg.Bd. I* (1966), 186.

[16] Nachdrücklich in dieser Richtung auch H. Müller: Aspekte des Codex Iuris Canonici 1983, in: *Zeitschrift für evangelisches Kirchenrecht* 29 (1984) 534.

oder solche von Konkordaten, die Auslegungsregel des c. 18 zur Geltung zu bringen, wonach Ausnahmen enger Auslegung unterliegen. Daraus ergibt sich: c. 377 § 1 bringt für das bestehende Konkordatsrecht dort, wo Wahlrechte existieren, einen Paradigmenwechsel, eine Auswechslung des rechtsgrundsätzlichen Hintergrundes mit sich. Konkret gesprochen: Die neue Grundnorm verschafft dem domkapitularischen Wahlrecht eine so bisher nicht gekannte innerkirchliche bzw. kirchenrechtliche Legitimität. Das ist zu meinem lebhaften Erstaunen in den Auseinandersetzungen im Fall Köln und in anderen Fällen nur ganz selten gesehen worden.

(2) Was den verfassungsrechtlichen Kontext anlangt, so haben sich zwischen 1919 und 1989 wahrlich in vieler Hinsicht fundamentale Veränderungen vollzogen. Aber in unserer Frage stehen wir in bezug auf die Bundesrepublik Deutschland vor dem Phänomen einer eindrucksvollen Kontinuität. Die normative sedes materiae ist nämlich die gleiche geblieben. Sie begegnet uns in Gestalt der Schlüsselnorm des Art. 137 Abs. 3 der Weimarer Reichsverfassung, die 1949 zusammen mit den wichtigsten anderen staatskirchenrechtlichen Verfassungsbestimmungen von Weimar in das Grundgesetz inkorporiert wurde. In ihr kommt ein wesentliches Stück der mit dem Sturz der Monarchie veränderten Verfassungslage zum Ausdruck. Sie lautet: »Jede Religionsgesellschaft ordnet und verwaltet ihre Angelegenheiten selbständig innerhalb der Schranken des für alle geltenden Gesetzes. Sie verleiht ihre Ämter ohne Mitwirkung des Staates oder der bürgerlichen Gemeinde.« Gewährleistet ist also das kirchliche bzw. religionsgemeinschaftliche Selbstbestimmungsrecht unter besonderer Betonung der Ämterfreiheit.[17]

Die konkrete Interpretation dieser Vorschrift, speziell der Klausel über die Ämterfreiheit, war in der Weimarer Zeit frei-

---

[17] Zu den grundsätzlichen Fragen darf ich verweisen auf A. Hollerbach: Grundlagen des Staatskirchenrechts, in: *Handbuch des Staatsrechts*, hg. von J. Isensee/P. Kirchhof, Bd. VI, Heidelberg 1989, 471-555.

lich durchaus kontrovers.[18] Und doch waren sich die Verfechter unterschiedlicher Grundpositionen im Ergebnis einig: Verboten ist, daß Staat bzw. Gemeinde die Besetzung eines kirchlichen Amtes selbst vornehmen oder von ihrer Genehmigung bzw. Bestätigung abhängig machen. Dagegen bleibt ein bloßes Einspruchsrecht zulässig, jedenfalls sofern es vertraglich begründet ist. Art. 137 Abs. 3 Satz 2 diene nämlich dem Schutz der Religionsgemeinschaft: dann aber gelte der alte Satz »volenti non fit iniuria«.

Ich lasse, bezogen auf den heutigen Stand des Staatskirchenrechts, dahingestellt, ob diese letztere Argumentation trägt. Sollte nämlich schon die Verfassung selbst etwas verbieten, könnte dieses Verbot nicht durch vertragliche Zustimmung unterlaufen werden. Zutreffender dürfte es sein, das »Normprogramm« des Art. 137 Abs. 3 Satz 2 WRV von vornherein in einem eingeschränkten Sinne zu verstehen, der eine Mitwirkung zuläßt, sofern sie vertraglich vereinbart ist und unterhalb der Schwelle des absoluten Vetos bleibt.

V. Ein Blick auf die evangelischen Kirchen

Bischöfe oder - etwa als Präses oder Kirchenpräsident - anders benannte Inhaber des leitenden geistlichen Amtes gibt es nicht nur in der katholischen Kirche; vielmehr verfügen auch alle *evangelischen Kirchen* darüber, wenn auch je nach Verfassung in unterschiedlicher Weise. In der Weimarer Zeit war man in Anbetracht dessen bestrebt, insoweit strikte Parität zu wahren.[19] Das hat dazu geführt, daß das von den Konkordaten her bekannte System der politischen Klausel prinzipiell auch auf

---

[18] Vgl. dazu etwa einerseits G. Anschütz: *Die Verfassung des Deutschen Reichs vom 11. August 1919*, Berlin ^{14}1933, 639f. (zu Art. 137), andererseits G. J. Ebers: *Staat und Kirche im neuen Deutschland*, München 1930, 270.

[19] Zu den grundsätzlichen Zusammenhängen vgl. A. Hollerbach: Verträge des Staates mit den evangelischen Kirchen in Deutschland, in: *Politik und Konfession. FS für Konrad Repgen zum 60. Geburtstag*, hg. von D. Albrecht/H.-G. Hockerts/P. Mikat/R. Morsey, Berlin 1983, 565-582.

die entsprechenden Amtsträger der evangelischen Kirche erstreckt wurde.

Demgemäß lauten Art. 29 des Bayerischen und Art. 22 des Pfälzischen Kirchenvertrages von 1924 folgendermaßen: »Vor der Wahl des Kirchenpräsidenten durch die Landessynode wird deren Präsidium mit der Bayerischen Staatsregierung in Verbindung treten, um sich zu versichern, daß gegen die für die Wahl in Betracht kommenden Kandidaten Erinnerungen politischer Natur nicht obwalten. Die Antwort der Staatsregierung wird unverzüglich erfolgen.«

Auch der Preußische Kirchenvertrag von 1931 kennt die politische Klausel, und zwar mit bemerkenswerten Verfeinerungen materiellrechtlicher und verfahrensrechtlicher Natur, freilich auch mit dem Ansatz zu einer weittragenden Einschränkung. Nach Art. 7 wird zum Vorsitzenden einer Behörde der Kirchenleitung oder einer höheren kirchlichen Verwaltungsbehörde sowie zum Inhaber eines kirchlichen Amtes, mit dem der Vorsitz oder die Anwartschaft auf den Vorsitz einer solchen Behörde verbunden ist, niemand ernannt werden, von dem nicht die zuständige kirchliche Stelle durch Anfrage bei der Preußischen Staatsregierung festgestellt hat, daß Bedenken politischer Art gegen ihn nicht bestehen. Das Schlußprotokoll hierzu stellt das Einverständnis der Vertragspartner darüber fest, daß als politische Bedenken nur staatspolitische, nicht dagegen kirchliche oder parteipolitische gelten. Außerdem verpflichtet sich die Staatsregierung, auf Wunsch die Tatsachen anzugeben, aus denen sie die Bedenken herleitet. Weiter heißt es: »Die Feststellung bestrittener Tatsachen wird auf Antrag einer von Staat und Kirche gemeinsam zu bestellenden Kommission übertragen, die zu Beweiserhebungen und Rechtshilfeersuchen nach den für preußische Verwaltungsgerichte geltenden Vorschriften befugt ist.« Man wird kaum annehmen können, daß diese weitreichende Formalisierung dazu beigetragen hat, zur Geltendmachung von Bedenken zu ermuntern. Wichtiger aber ist, daß nach dem Schlußprotokoll zu Art. 7 die politische Klausel dann nicht greift, d. h. also eine Ernennung im Sinne der einschlägigen Norm nicht vorliegt, wenn der Vorsitz der Behörde »mit einem synodalen Amt als solchem verbunden ist«. Hier wird deutlich, daß Wahl durch die Synode bzw. gleichzeitige Innehabung eines synodalen Amtes - »Fälle organischer Verbindung kirchenregimentlicher und synodaler Ämter«, wie die amtliche Begründung sagt[20] - positiv gewürdigt wird und daß der Staat in diesem Fall keinen Anlaß sieht, auf ein Erinnerungsrecht zu pochen, wohl im Vertrauen darauf, daß die Synode als Filter wirkt und von vornherein verhindert, daß sich staatspolitische Gefahren ergeben. Es sollte sich zeigen, daß gerade hieran nach 1945 angeknüpft wurde. Es darf aber daran erinnert werden, daß die Einfügung der politischen Klausel in den preußischen Kirchenvertrag äußerst umstritten war. Trotzdem konnte die amtliche Begründung hervorheben[21], daß die Forderung des Staates, in die betreffenden kirchlichen Ämter nur Personen »von unzweifelhaft loyaler Einstellung zur Verfassung« zu berufen, von den Kirchen anerkannt worden ist.

Auch der Badische Kirchenvertrag folgt der Linie, das Rechtsinstitut der politischen Klausel zum Bestandteil des evangelischen Staatskirchenvertragsrechts zu machen. Nach Art. II Abs. 2 wird sich vor der Bestellung des Kirchenpräsidenten das dafür zuständige kirchliche Organ beim Staatsministerium darüber vergewissern, ob gegen die Person des zu Bestellenden seitens der Staatsregierung Bedenken allgemein-politischer, nicht aber parteipolitischer Art bestehen. Im übrigen ist die Klausel in klarer Übereinstimmung mit den entsprechenden Regelungen des Badischen Konkordats näher ausgestaltet.

War so die Rechtslage in der Weimarer Zeit - abgesehen von dem gekennzeichneten Einfallstor des Preußischen Kirchenvertrags - durch strikte Parität gekennzeichnet, so existiert ein Erinnerungsrecht heute nur noch und wird nur noch praktiziert in Bayern in bezug auf den Landesbischof der Evangelisch-Lutherischen Kirche in Bayern und in Baden-Württemberg in bezug auf den Landesbischof der Evangeli-

---

20 J. Listl, a.a.O., Bd. II, 274.
21 Ebd.

schen Landeskirche in Baden. Die entsprechenden vertragsrechtlichen Regelungen gelten unverändert und unbestritten. Demgegenüber hält Art. 7 des Niedersächsischen Kirchenvertrags von 1955 an dem überkommenen System nur noch für den Fall fest, daß jemand das leitende geistliche Amt übertragen wird, »dessen Besetzung nicht auf einer Wahl oder Berufung durch eine Synode beruht«. Andernfalls, wenn also das Amt auf Grund einer Wahl oder Berufung durch eine Synode besetzt wird, ist die Kirche lediglich verpflichtet, der Landesregierung die Vakanz anzuzeigen und ihr später die Person des neuen Amtsträgers mitzuteilen. Praktisch bedeutet das, daß die politische Klausel leerläuft. Bemerkenswert ist die dazu gegebene amtliche Begründung.[22] Es heißt hier, das alte Rückfrageverfahren sei auf die Berufung der evangelischen Bischöfe angesichts ihrer Wahl durch die Synoden nicht übertragbar. »Die Synoden sind bei ihrer Vergleichbarkeit mit den staatlichen Parlamenten keine Stellen, die vor ihren Wahlen Rückfragen halten können.« Es wird in diesem Zusammmenhang auch zum Ausdruck gebracht, daß dieser Grundsatz schon im Schlußprotokoll zu Art. 7 des Preußischen Kirchenvertrags anerkannt gewesen sei. Andererseits wird offen ausgesprochen: »Im Falle synodaler Wahl ermöglicht es die kirchliche Anzeigepflicht in Vakanzfällen, daß die Landesregierung mit synodalen Kreisen Fühlung nimmt, um etwaige politische Gesichtspunkte gegen einzelne Kandidaten zur Geltung zu bringen.« Das zeigt immerhin, daß der Staat nicht völlig darauf verzichten will, gegebenenfalls seinen Einfluß geltend zu machen. Man wird dann aber fragen müssen, ob nicht die Formalisierung und Kanalisierung des Verfahrens die rechtsstaatlich sauberere Lösung ist. Mir scheint, das Modell des Niedersächsischen Kirchenvertrags rückt das Problem in ein gewisses Zwielicht. Soll der praktische Verzicht auf die politische Klausel eine Prämie auf die »demokratische« Struktur der evangelischen Kirchenverfassung sein? Daß es unmöglich wäre, im Fall von Synoden-Wahl die politische Klausel zu

---

[22] Ebd. 122

praktizieren, kann übrigens nicht anerkannt werden. Bayern und Baden liefern deutliche Gegenbelege.

VI. Sonderfall Militärbischof

Die Information über das geltende Recht ist schließlich zu vervollständigen durch einen knappen Hinweis auf den Sonderfall des Amtes des Militärbischofs.

Kirchlicher Vorsteher der katholischen Militärseelsorge ist der Militärbischof. Er wird zwar vom Hl. Stuhl ernannt, aber nach der Norm des Art. 27 Reichskonkordat erst, wenn zwischen diesem und der Bundesregierung Einvernehmen über eine geeignete Persönlichkeit hergestellt ist. Keiner der Partner kann also dem anderen eine Persönlichkeit aufdrängen, die ihm nicht genehm ist. In Anbetracht der besonderen Verklammerung der Militärseelsorge mit der staatlichen Organisation und des besonderen Auftrags der Militärseelsorge ist das sachlich gerechtfertigt, ja geboten. In der Bundesrepublik Deutschland ist allerdings auch dafür gesorgt, daß die Militärseelsorge trotz ihrer begrenzten Autonomie auch mit den normalen kirchlichen Strukturen eng verklammert bleibt. Wichtiger Ausdruck dafür ist die in den Statuten für die Katholische Militärseelsorge in der Deutschen Bundeswehr festgelegte Regelung, daß das Amt des Militärbischofs von einem in der Bundesrepublik Deutschland residierenden Diözesanbischof wahrgenommen wird.[23] Das staatlich-kirchliche Einvernehmen braucht sich hier also nur auf die Übertragung der besonderen Funktion des Militärbischofs zu beziehen, nicht auf die Ernennung zum Bischof als solchem.

In bezug auf das Amt des Evangelischen Militärbischofs ist das Zusammenwirken von Staat und Kirche anders konzipiert. Es liegt nämlich auf der Linie der politischen Klausel. In Art.

---

[23] Maßgebend jetzt Art. 2 der Päpstlichen Statuten für den Jurisdiktionsbereich des Katholischen Militärbischofs für die Deutsche Bundeswehr vom 23. November 1989, in: *Verordnungsblatt des Katholischen Militärbischofs für die Deutsche Bundeswehr* 16 (1990) 3.

11 Abs. 1 des Evangelischen Militärseelsorgevertrages von 1957 heißt es: »Der Militärbischof wird vom Rat der EKD ernannt. Vor der Ernennung tritt der Rat der EKD mit der Bundesregierung in Verbindung, um sich zu versichern, daß vom staatlichen Standpunkt aus gegen den für das Amt des Militärbischofs vorgesehenen Geistlichen keine schwerwiegenden Einwendungen erhoben werden.« Im Schlußprotokoll dazu erklärt sich die Bundesregierung bereit, auf Wunsch die Gründe mitzuteilen, aus denen sie ihre Bedenken gegen den vorgeschlagenen Geistlichen herleitet. Die amtliche Begründung qualifiziert das Recht des Staates als ein »auf schwerwiegende Einwendungen beschränktes Vetorecht«[24]. Der Staat ist hier also weniger frei als im Falle der Ernennung des Katholischen Militärbischofs, weil dort schlechthin Einvernehmen hergestellt werden muß, das auch aus weniger gravierenden Gründen versagt werden kann.

VII. Die Regelungen in anderen Ländern

Das in der Bundesrepublik Deutschland geltende Rcht dürfte uns in seinen Grundzügen nunmehr einigermaßen klar vor Augen stehen. Aber es wäre Provinzialismus, wollten wir uns mit seiner Darstellung begnügen. Deshalb sind einige Beobachtungen zur Rechtsvergleichung unerläßlich. Dabei richtet sich der Blick zunächst auf unsere unmittelbaren Nachbarn, dann aber auch auf allgemeine Entwicklungen im neueren Konkordatsrecht.[25]

(1) Die Deutsche Demokratische Republik hat von allem Anfang an eine Bindung an die überkommenen deutschen Staatskirchenverträge nicht anerkannt.[26] Politische Klausel und

---

[24] J. Listl, a.a.O., Bd. I, 113.

[25] Dazu die beiden Werke von R. Minnerath: *Le droit de l'Eglise à la liberté. Du Syllabus à Vatican II*, Paris 1982; *L'Eglise et les Etats concordataires* (1846-1981), Paris 1983.

[26] Vgl. dazu A. Hollerbach: Rechtsprobleme der Katholischen Kirche im geteilten Deutschland, in: *Die Rechtsstellung der Kirchen im geteilten Deutschland*, hg.

Treueid werden also dort nicht praktiziert. Man kennt im Prinzip nur die offizielle Notifikation des Namens eines neuen Bischofs gegenüber der zuständigen staatlichen Instanz. Im Falle von Dresden-Meißen hätte man sich allerdings vorstellen können, daß das Wahlrecht des Domkapitels nach den Vorschriften des Reichskonkordats als innerkirchliches Recht zum Zuge kommt. Das Domkapitel hält sich daran gebunden und pflegt eine Liste aufzustellen und nach Rom zu schicken. Der Hl. Stuhl benutzt aber offenbar die Nicht-Anerkennung des Reichskonkordats seitens der DDR als Rechtfertigung dafür, sich von seiner Bindung an die konkordatären Regeln freizuzeichnen. Er unterbreitet dem Domkapitel keine Vorschlagsliste, sondern ernennt frei.[27] Das ist rechtlich äußerst bedenklich. Daß das Wahlrecht des Domkapitels nach den Vorschriften des Reichskonkordats bei der Besetzung des Berliner Bischofsstuhls beachtet werden muß, ist demgegenüber unzweifelhaft.[28] Insoweit wirkt sich die Bindung an die bestehenden Verträge jedenfalls für den Westberliner Anteil der Diözese positiv aus. Demgemäß wird hier das Verfahren der politischen Klausel, wenn auch nur im Verhältnis zum West-

---

von G. Zieger, Köln 1989, 127-143. Vgl. in diesem Sammelband auch den Beitrag von R. Jestaedt: Fortwirkende Probleme des Reichskonkordats von 1933, 73-87.

27 Bei H. Maritz: *Das Bischofswahlrecht in der Schweiz*, St. Ottilien 1977, 145, Anm. 17, liest man: »Auf Anfrage erklärte das Ordinariat des Bistums Meißen am 13.10.1975 freundlicherweise, daß kirchlicherseits das Reichskonkordat in Geltung sei und dementsprechend gem. Art. 14 für Meißen das Bischofswahlrecht des Domkapitels bestehe.« Das habe auch ich betont; siehe dazu Art. Reichskonkordat, in: *Staatslexikon*[7], Bd. IV (1988), Sp. 790. In einem Schreiben des jetzigen Generalvikars vom 13. Dezember 1989 wurde mir jedoch folgendes mitgeteilt: »Seitens des Bistums Dresden-Meißen ist auch in der Nachkriegszeit bei der Besetzung des bischöflichen Stuhles entsprechend den Bestimmungen des Reichskonkordates gehandelt worden ... Nach der Resignation von Bischof Gerhard Schaffran 1987 verfuhr das Domkapitel entsprechend den Regelungen des Konkordates und reichte eine Vorschlagsliste ein. Eine römische Terna erfolgte nicht, sondern der Hl. Stuhl besetzte den Meißner Stuhl ohne Mittun des Domkapitels.«

28 Zu Berlin eingehend M. Höllen: Kirchenpolitische Probleme der Einheit des Bistums Berlin, in dem oben Anm. 26 angeführten Sammelband, 147-192. Bischof Sterzinsky schrieb mir unter dem 28. November 1989: »Für meine Person kann ich ... erklären, daß ich vor meiner Amtsübernahme weder vor westlichen noch vor östlichen Stellen einen Treueid geleistet habe.«

berliner Senat, durchaus gehandhabt. Von der Leistung des Treueids wird allerdings, soweit ersichtlich, im Hinblick auf den staats- und völkerrechtlichen Status Berlins abgesehen. Daß in bezug auf den Diözesan-Administrator von Görlitz und die Administratoren in Erfurt, Magdeburg und Schwerin keine Bindungen bestehen, versteht sich von selbst.

(2) Österreich kennt sowohl in bezug auf Salzburg, wo ein Wahlrecht des Domkapitels besteht, als auch in bezug auf die übrigen Bischofssitze das Verfahren der politischen Klausel nach dem uns aus der deutschen Entwicklung bekannten Modell. Ein Treueid wird aber nicht geleistet.[29]

(3) Es überrascht nicht, daß in der Schweiz unterschiedliche Regelungen nebeneinander bestehen.[30] Für die Bischofssitze in Lugano, Sitten und Genf-Lausanne-Fribourg gilt das Prinzip des freien päpstlichen Ernennungsrechts. Rechtsgrundlagen für eine politische Klausel oder einen staatlichen Treueid sind nicht ersichtlich. Die Domkapitel von Chur, St. Gallen und Basel besitzen ein, freilich unterschiedlich ausgestaltetes, Wahlrecht. Was die Beteiligung des Staates angeht, so darf der St. Galler Bischof und auch der Bischof von Basel nach dem Wortlaut der einschlägigen Verträge der zuständigen politischen Instanz nicht »unangenehm« sein. Besonders bemerkenswert ist eine Neuregelung von 1978, kraft deren vom gewählten Bischof von Basel nicht mehr ein Treueid verlangt wird, wohl aber ein auch inhaltlich neu gestaltetes feierliches Versprechen. Darauf ist noch einmal zurückzukommen.

(4) In Frankreich bestehen zwei Systeme, dasjenige der »vieille France« und dasjenige der drei östlichen Departements, auf die sich das Gebiet der Diözesen Straßburg und Metz erstreckt. Jedermann weiß, daß Frankreich 1905 ein rigides Trennungssystem eingeführt hat. Aber es ist doch recht symptomatisch, daß es nach dem 1. Weltkrieg gerade Frankreich, ein Trennungsland, gewesen ist, das als erster Staat ein

---

29 Die Regelungen sind enthalten in Art. IV des Österreichischen Konkordats vom 5. Juni 1933.

30 Über die Rechtslage in der Schweiz informiert eingehend das oben in Anm. 27 angeführte Buch von H. Maritz.

Erinnerungsrecht erlangt hat. Zwar nicht in Gestalt eines förmlichen Vertrags, wohl aber eines inhaltlich abgesprochenen Aide-Mémoire von 1921 wurde der französischen Regierung das Recht eingeräumt, gegen einen Kandidaten für das Bischofsamt vom politischen Standpunkt aus Einwendungen zu erheben.[31] Für Straßburg und Metz ragt noch eine alte Schicht des Staatskirchen- bzw. Konkordatsrechts in die Gegenwart hinein. Es gilt nämlich das napoleonische Konkordat mit der Konsequenz, daß der französische Staatspräsident ein Rom bindendes Nominationsrecht besitzt - ein in der heutigen Staat-Kirche-Landschaft einsames Unikat![32]

(5) Diese Feststellung kann nun auch sogleich überleiten zu dem Blick auf die neuere Konkordatsentwicklung, womit dann auch der Kreis der unmittelbaren Nachbarschaft der Bundesrepublik Deutschland überschritten wird.[33] Wir konstatieren in der neueren Konkordatsentwicklung Beispiele für zwei unterschiedliche Linien. Einerseits kommt es vor, daß auf die politische Klausel (und dann natürlich auch auf den Treueid) ganz verzichtet wird; andererseits gibt es Beispiele für die Aufrechterhaltung der politischen Klausel, meist verbunden mit einer weiteren Verfeinerung des Instrumentariums.

Was die erstere Tendenz anlangt, so ist naturgemäß besonders bemerkenswert das neue italienische Konkordat. In Art. 3 Abs. 2 des Konkordats von 1984 ist lediglich eine förmliche Notifikation der erfolgten Ernennung zum Bischof vorgesehen. Andererseits ist strikt an der Notwendigkeit festgehalten, daß der Bischof italienischer Staatsbürger sein muß, freilich unbeschadet der besonderen Lage der Diözese Rom und der subur-

---

31 Im deutschen Schrifttum grundlegend dazu nach wie vor A. Frhr. v. Campenhausen: *Staat und Kirche in Frankreich*, Göttingen 1962. Vgl. auch R. Metz: Das Verhältnis von Kirche und Staat in Frankreich, in: *Handbuch des katholischen Kirchenrechts*, hg. von J. Listl/H. Müller/H. Schmitz, Regensburg 1983, 1109-1127.

32 Eindringlich dazu R. Metz: Le Président de la République Française dernier et unique chef d'Etat du monde qui nomme des évêques, in: *Revue des sciences religieuses* 60 (1986) 63-89.

33 Eingehend dazu ebenfalls R. Metz: Innovations et anachronismes au sujet de la nomination des évêques dans de récentes conventions passées entre le Saint-Siège et divers Etats (1973-1984), in: *Studia Canonica* 20 (1986) 197-219.

bikarischen Bistümer. Auf die politische Klausel verzichtet hat man 1980 auch in Peru, freilich mit der Maßgabe, daß hier die Mitteilung des Ernannten an den Staat vor der offiziellen Publikation der Ernennung erfolgt.

Demgegenüber finden wir Zeugnisse für sozusagen nachkonziliare politische Klauseln in Verträgen mit Spanien, mit Monaco und mit Haiti. In den Verträgen mit Spanien und mit Haiti ist an dem überkommenen Standard der politischen Klausel durchaus festgehalten worden, ja in einer Hinsicht ist ein neues Element hinzugekommen. Es wird nämlich ausdrücklich gefordert, daß die Einwendungen konkret bzw. präzise sein müssen. Sie müssen also substantiiert, durch konkrete Belege gestützt sein. Auffällig ist, daß in dem spanischen Konkordatsvertrag von 1976 für die Geltendmachung von Einwendungen nur die extrem kurze Frist von 15 Tagen eingeräumt ist. Ein französischer Autor schreibt dazu, daß dies »presque symbolique« sei.[34] Möglicherweise ist es eine Reaktion darauf, daß in dem Vertrag mit Haiti eine Frist von 30 Tagen vorgesehen wurde, die zudem auf Anforderung des Staates auf 60 Tage verlängert werden kann.

Der rechtsvergleichende Befund zeigt unterschiedliche Gestaltungsmöglichkeiten. Der Hl. Stuhl reagiert innerhalb der notwendigen Grenzen flexibel auf die jeweilige konkrete Situation. Wichtig für uns ist die Feststellung, daß die Gestaltungsform der politischen Klausel keineswegs der Geschichte angehört, sondern nach wie vor vielfach als adäquate Ausdrucksform für die Respektierung des staatlichen Interesses angesehen wird. Trotzdem bleibt die Frage nach ihrer Rechtfertigung und darüber hinaus nach der Rechtfertigung auch der anderen Elemente aus dem Sachkomplex »Staat und Bischofsamt«. Dieser Frage und damit der Frage, ob gegebenenfalls Veränderungen des Systems erforderlich sind, gelten meine abschließenden Erörterungen.

---

[34] So R. Minnerath: *L'Eglise et les Etats concordataires*, 1983, 326.

VIII. Probleme und Perspektiven

Ich will die grundsätzlichen Fragen, denen man sich stellen muß, klipp und klar formulieren: Was geht das den Staat denn überhaupt an - die Staatsangehörigkeit des Bischofskandidaten, seine politische Unbedenklichkeit, die ausdrückliche eidliche Versicherung seiner Loyalität? Und - über diese Aspekte hinaus - was geht denn den Staat an, ob der Bischof vom Domkapitel oder sonstwie gewählt oder vom Papst frei ernannt wird oder ob ein Koadjutor bestellt wird? Verstößt der Staat, wenn er sich insoweit Rechte zusichern läßt oder sich faktisch einmischt, mit alledem nicht gegen das Fundamentalprinzip der Nichtidentifikation, der weltanschaulich-religiös-konfessionellen Neutralität des Staates? Müßte das geltende Recht, wenn es überhaupt noch legitim sein sollte, nicht schnellstens geändert werden?

Die Antwort erfolgt schrittweise, und zwar so, daß weitere Klärungen in bezug auf die konkrete Rechtslage und das Verständnis der Zusammenhänge eingebracht werden.

(1) Beim sog. Kölner Investiturstreit[35] - ich benutze das Wort hier nur als Abbreviatur - haben sich bekanntlich die Ministerpräsidenten von Nordrhein-Westfalen und von Rheinland-Pfalz unter Berufung auf die Freundschaftsklausel des Preußischen Konkordats eingeschaltet, als sich abzuzeichnen schien, daß - nach erfolglosen Wahlversuchen des Domkapitels - der Hl. Stuhl unter Berufung auf das sog. Devolutionsrecht den neuen Erzbischof frei ernennen würde. Die Ministerpräsidenten haben mit guten Gründen die Auffassung vertreten, daß dies mit dem Konkordat nicht vereinbar sei. Sie sind mithin für dessen Wahrung, für Vertragstreue eingetreten. Ein wichtiges Argument dabei war, daß völkerrechtliche Verträge »negotia bonae fidei« sind, daß sie »in good faith« ausgelegt und gehandhabt

---

[35] Zu den Vorgängen vgl. jetzt G. Hartmann: *Der Bischof. Seine Wahl und Ernennung, Geschichte und Aktualität*, Graz 1990, 124-160. Zu den Rechtsproblemen bemerkenswert A. Hopfauf: Die Ernennung von Bischöfen nach dem Preußischen Konkordat. Anmerkungen zur Kölner Bischofswahl, in: *Neue Juristische Wochenschrift* (1989) 1263-1266.

werden müssen, was konkret bedeutet: es müssen faire Voraussetzungen dafür geschaffen werden, daß die Beteiligten ihre Rechte sinnvoll ausüben können.

Es ist offenkundig, daß die Ministerpräsidenten damit für die Wahrung der Rechte des Domkapitels eingetreten sind, dies aber nicht, um in einer innerkirchlichen Auseinandersetzung Partei zu ergreifen, sondern um dafür zu sorgen, daß eine Konkordatsbestimmung eingehalten wird, die Voraussetzung für das weitere Verfahren ist, nämlich für die Anwendung der politischen Klausel und für die Ableistung des Treueids. Der Hl. Stuhl hat sich denn auch mit dem Ziel, einen Konklikt zu vermeiden, veranlaßt gesehen, seine Position zu überprüfen und mit Hilfe einer Dispensation von den starren Bedingungen der Statuten des Kapitels die Möglichkeit geschaffen, daß mit Aussicht auf Erfolg gewählt werden konnte. Zweifel an der Freiheit der dann vollzogenen Wahl hat der staatliche Partner nicht erhoben.

Ich verhehle meine Genugtuung darüber nicht, daß mit diesem Verlauf der Dinge das konkordatäre System einen Sieg davongetragen und daß sich insbesondere das Verfahren der »amicabilis compositio« bewährt hat.

Aber das sachliche Grundproblem bleibt natürlich, und dieses ist nicht in erster Linie ein staatskirchenrechtlich-konkordatsrechtliches Problem, sondern eine Frage der innerkirchlichen Strukturen und Entscheidungsprozeduren. Wie verhalten sich Primat und Episkopat, Universalkirche und Partikularkirche zueinander? Erheischt nicht das Subsidiaritätsprinzip, das prinzipiell auch in der Kirche gilt, eine andere Lösung? Welchen Stellenwert besitzen Gremien wie Domkapitel u.a.? Der Staat hat hier keine Vorschläge zu machen oder gar Forderungen zu erheben. Das muß ekklesiologisch und dann kanonistisch geklärt werden.[36] Immerhin ist der Staat dabei involviert, solange das Verfahren der Berufung ins Bi-

---

[36] Wichtige Diskussionsbeiträge dazu: E.M. Maier: Bischofsernennungen - Prüfstein kirchenrechtlicher Legitimität, in: *Stimmen der Zeit* 206 (1988) 447-460; K. Schatz: Bischofswahlen. Geschichtliches und Theologisches, in: *Stimmen der Zeit* 207 (1989) 291-307.

schofsamt konkordatär geregelt ist. Veränderungen nach der einen oder nach der anderen Richtung hin sind ohne den Staat, hier also die Länder der Bundesrepublik Deutschland und den Bund selbst, nicht möglich. Denkbar ist, daß er sein Desinteresse kundgibt oder einen förmlichen Verzicht erklärt. Aber hier muß man doch auch bedenken, daß die konkordatären Regeln zu diesem Thema nur Teil eines umfassenderen Gefüges sind, in dem staatliche und kirchliche Interessen einen Ausgleich gefunden haben und in dem Einschränkungen der rechtlichen Dispositionsfreiheit der Kirche ganz erhebliche positive Leistungen und Gewährleistungen des Staates zugunsten der Kirche gegenüberstehen; ich brauche nur die Stichworte Religionsunterricht, Theologische Fakultäten, Militärseelsorge, Kirchensteuer, Staatsleistungen u.a. zu erwähnen. Man kann hier ohne zwingende Not nicht einfach einen Stein aus dem diffizil komponierten Gebäude herausbrechen. Trotzdem ist noch einmal klar zu betonen: Die anstehenden Fragen müssen innerkirchlich diskutiert und geklärt werden. Der Staat kann, wenn überhaupt, nur im Zusammenhang mit einer Fortschreibung des Konkordatsrechts einen Dienst, vielleicht einen Hebammendienst leisten. Wäre es dabei illegitim, wenn er ein Interesse daran bekundete, die Institutionen der Ortskirche zu stärken, nicht aus antirömischem Affekt, sondern um der Förderung der konkreten Zusammenarbeit vor Ort willen?

(2) Wie früher gezeigt, ergibt sich aus den Verträgen expressis verbis, daß die Bestellung eines Koadjutors am Domkapitel vorbei möglich bleiben soll. Es ist aber nach Entstehungsgeschichte und Sinnzusammenhang offenkundig, daß hier ein Regel-Ausnahme-Verhältnis besteht. Der Hl. Stuhl wird also, um nicht gegen den Geist des konkordatären Systems zu verstoßen und um nicht wieder den staatlichen Partner als Anwalt der Rechte des Domkapitels auf den Plan zu rufen, mit dieser Möglichkeit sehr behutsam umgehen müssen. So dürfte es unzulässig sein, den gleichen Bischofsstuhl mehrmals hintereinander im Wege der Koadjutorbestellung zu besetzen, und es wäre zumindest schlechter Stil, wenn in einem nach 1945 gegründeten Bistum, dessen erster und bisher einziger Bischof

vom Papst ernannt wurde, ein Koadjutor bestellt würde. Die Frustration des Domkapitels, das bei Eintritt der Sedisvakanz erstmals die Gelegenheit zur Wahl hätte, und die Irritation des Kirchenvolkes wären perfekt.

(3) Die Geschichte der politischen Klausel hat, wie wir gesehen haben, zu immer stärkerer Verfeinerung und Präzisierung geführt. Allgemein-politische Bedenken: das schließt jedenfalls parteipolitische und kirchenpolitische Bedenken aus. Eine CDU-Regierung kann einen Kandidaten nicht ablehnen, weil von ihm bekannt ist, daß er mit der SPD sympathisiert. Sie kann ihn erst recht nicht ablehnen, weil er innerkirchlich den sog. Konservativen zugerechnet wird.

Hat man dies geklärt, so wäre es an sich notwendig, sich mit dem Begriff des Politischen in diesem Zusammenhang auseinderzusetzen. Das kann hier nicht geleistet werden, braucht es aber auch nicht. Vor allem bedarf es keiner Auseinandersetzung mit der angeblichen »Totalität« des Politischen. Die neuere Konkordatsgeschichte liefert nämlich hinreichende Belege dafür, in welcher Richtung einschränkend die politische Klausel zu verstehen ist. Ich folge insoweit Joseph H. Kaiser, wenn er sagt: »Nur solche Umstände in der Person des Kandidaten, die dringende Lebensbedürfnisse des Staates in Frage stellen, können zulässigerweise eine staatliche Erinnerung begründen.« Zu Recht wird auch auf die in Art. IV Abs. 2 des tschechoslowakischen Modus vivendi von 1927 beispielhaft aufgezählten Tatbestände Bezug genommen: »Irredentistische, separatistische, gegen die Verfassung oder die öffentliche Ordnung gerichtete Betätigung des in Aussicht Genommenen«.

»Darüber hinaus ermöglicht aber auch jeder andere Sachverhalt, der wirklich existentielle Staatsbelange gefährdet und deshalb von durchaus 'staatspolitischem' Rang ist, die rechtmäßige Ausübung des politischen Bedenkenrechts durch die Staatsregierung.«[37] Es geht mithin darum, Gefahren für die konkrete Existenz des Staates und die Wahrnehmung seiner

[37] J. H. Kaiser: *Die politische Klausel der Konkordate*, Berlin-München 1949, 202.

grundlegenden Aufgaben, nämlich mit Hilfe des Gewaltmonopols und der Justizgewährung für Friede und Ordnung zu sorgen, zu vermeiden. Positiv geht es darum, günstige Voraussetzungen für die Respektierung der wechselseitigen Freiheit und die Praktizierung fairer Zusammenarbeit zu schaffen. Dazu gehört - konkret in bezug auf die Bundesrepublik Deutschland gesprochen -, daß der betreffende Kandidat die Institutionen des freiheitlich-demokratischen Verfassungsstaates grundsätzlich achtet, bilden sie doch ihrerseits eine Voraussetzung für die Gewährleistung und Realisierung der kirchlichen Freiheit.

Niemand könnte dem französischen Staatspräsidenten einen Vorwurf machen, wenn er Einwendungen erheben würde gegen einen Kandidaten für den Straßburger Bischofsstuhl, der für einen Anschluß des Elsaß an die Bundesrepublik Deutschland eintritt. Ich würde es auch für denkbar halten, daß ein Anwendungsfall der politischen Klausel gegeben wäre, wenn es sich um einen Kandidaten handelte, der keine Gelegenheit ausläßt, das System der pluralistischen Demokratie zu verunglimpfen.

Eine Behinderung in der Wahrnehmung der kirchlichen Aufgaben oder gar ein Maulkorb folgen daraus nicht. Ich möchte dafür zwei Gesichtspunkte ins Feld führen, die sich auf geltende Normen abstützen lassen.

Das Reichskonkordat enthält an versteckter Stelle eine wichtige Aussage.[38] Es war damals im sog. Entpolitisierungsartikel vorgesehen, daß die Kirche ein Verbot der Mitgliedschaft von Klerikern in politischen Parteien erläßt. Der Hl. Stuhl hat dem nur zugestimmt, nachdem folgende Zusicherung in das Schlußprotokoll aufgenommen wurde: »Das den Geistlichen und Ordensleuten Deutschlands in Ausführung des Artikels 32 zur Pflicht gemachte Verhalten bedeutet keinerlei Einengung der pflichtmäßigen Verkündigung und Erläuterung der dogmatischen und sittlichen Lehren und Grundsätze der Kirche.« Leider ist übrigens die deutsche Übersetzung des italienischen

---

[38] Vgl. dazu im größeren Zusammenhang A. Hollerbach: Die Lateranverträge im Rahmen der neueren Konkordatsgeschichte, in: *Römische Quartalschrift* 75 (1980) 53f.

Textes sehr schlampig. Dort nämlich kommt die entscheidende Stoßrichtung viel besser zum Ausdruck, insofern nämlich gesagt ist, daß die öffentliche Verkündigung gewährleistet sein muß; außerdem wird zum Ausdruck gebracht, daß es nicht nur um die Freiheit der Verkündigung der dogmatischen Lehren und Grundsätze der Kirche geht, sondern auch der sittlichen. Und damit sind eben auch die Grundsätze für den Bereich des Politischen mit eingeschlossen.

Sodann ist auf c. 747 § 2 CIC/1983 zu verweisen: »Der Kirche kommt es zu, immer und überall die sittlichen Grundsätze auch über die soziale Ordnung zu verkündigen wie auch über menschliche Dinge jeder Art zu urteilen, insoweit die Grundrechte der menschlichen Person oder das Heil der Seelen dies erfordern.« Was hier gesagt ist, ist aus staatlicher Sicht Gegenstandsbereich des Grundrechts der Religionsfreiheit, jedenfalls der Meinungsfreiheit. Es kann also kein Zweifel daran bestehen, daß es dem Bischof nicht verwehrt sein kann, dieser Norm zu folgen. Mit der Unterwerfung unter die politische Klausel begibt sich die Kirche, begibt sich der betreffende Kandidat für das Bischofsamt dieses Rechts mitnichten.

Es ist nicht zu verkennen, daß die politische Klausel Gefahren in sich birgt. Aber richtig gehandhabt dürften keine Schwierigkeiten daraus entstehen. Nicht zuletzt muß aber noch einmal betont werden, daß sie kein Veto-Recht begründet. Im Konfliktsfall ist die Standfestigkeit des kirchlichen Partners gefordert, wenn er von seiner Sache und von der Person, die ins Bischofsamt berufen werden soll, wirklich überzeugt ist.

Die politische Klausel aufrechtzuerhalten, ist gewiß keine zwingende Notwendigkeit. Aber solange Staat und Kirche in einem engen Beziehungsgeflecht miteinander kooperieren und um des Gemeinwohls willen in Kommunikation miteinander stehen, gibt es keinen durchschlagenden Grund, darauf zu verzichten. Es kommt darin sinnfällig zum Ausdruck, daß die Kirche die spezifischen Aufgaben des Staats und seine darauf gegründete Identität sowie seine äußere Integrität respektiert.

(4) Bleibt das Rechtsinstitut des Treueids.[39] Wenn ein Bischof heute den Treueid leistet, so wird er zu seiner Rechtfertigung wie eh und je darauf verweisen können, daß ihm der Eid nichts ansinnt, wodurch er sich kompromittieren würde, daß er vielmehr die grundsätzliche Loyalitätspflicht gegenüber der »Obrigkeit« zum Ausdruck bringt, wie sie, gegründet auf Römer 13, der kirchlichen Lehre entspricht. Der Staat weiß aber auch, daß der Bischof auf die ganze kirchliche Lehre verpflichtet ist, zu der auch und gerade die Forderung gehört, unter Umständen Gott mehr zu gehorchen als den Menschen, wie das in Apostelgeschichte 5,29 Niederschlag gefunden hat. Das wird zudem durch die Formel »sicut decet episcopum« erfaßt, die den Vorbehalt höherrangiger Pflichten und zugleich der spezifischen Verpflichtung gegenüber dem Papst ausdrückt.

Der Bischof wird aber heute, über diese prinzipielle Rechtfertigung hinaus, insbesondere auf den Kontext verweisen, in den die Staat-Kirche-Beziehungen allgemein und auch die konkordatären Einzelabmachungen hineinzustellen sind, nämlich die Lehre vom Verhältnis Staat - Kirche, wie sie auf dem 2. Vatikanischen Konzil neu artikuliert worden ist. Dafür sind maßgebend die Anerkennung des Menschenrechts auf Religionsfreiheit einerseits, wechselseitiger Freiheit und fairer Zusammenarbeit als Leitprinzipien andererseits. Spätestens im 2. Vatikanum hat die Katholische Kirche aber auch ihren Frieden mit der verfassungsstaatlichen Demokratie gemacht. Auch und gerade in dieser Perspektive findet der Eid durchaus Sinn und Rechtfertigung.

Und doch bleiben Fragen. Die biblische Botschaft gebietet den Verzicht auf die Form des Eides nicht, sofern man sie nicht fundamentalistisch mißversteht. Aber es müssen an seine Notwendigkeit doch strenge Anforderungen gestellt werden, zumal er in der Sicht des kanonischen Rechts ein Akt der Gottesverehrung bzw. eine gottesdienstliche Handlung ist. Das

---

[39] Zum folgenden A. Hollerbach: Zur Problematik des staatlichen Treueids der Bischöfe, in: *Rechtsstaat - Kirche - Sinnverantwortung. FS für Klaus Obermayer zum 70. Geburtstag*, München 1986, 193-201.

mahnt zur Zurückhaltung und legt die Frage nahe, ob nicht das, worum es der Sache nach geht, auch ohne die besondere Form des Eides erreicht werden kann.

Aus der staatlichen Perspektive kann man die Augen nicht davor verschließen, daß sich der säkulare Staat, wie gerade die neuere Entwicklung in der Bundesrepublik Deutschland zeigt, mit dem Eid überhaupt schwertut. Man wird sich in diesem Zusammenhang auch fragen müssen, was es für die Glaubwürdigkeit des Eides bedeutet, wenn er von Repräsentanten abgenommen und entgegengenommen wird, die unter Umständen mit demjenigen, der ihn leistet, noch nicht einmal mehr auf einer gemeinsamen religiösen Basis stehen.

Schließlich darf man fragen, ob nicht die tiefgreifende Veränderung des Staat-Kirche-Verhältnisses im Vergleich mit den Epochen des Staatskirchentums und der Staatskirchenhoheit dazu führen müßte, ein Rechtsinstitut aufzugeben, das, trotz allem, die Dimension der Untertanenschaft noch nicht völlig verloren hat bzw. das seine Nähe zum Eid staatlicher Amtsträger und Dienstnehmer nicht verleugnen kann. Die Beziehungen zwischen Staat und Kirche sind heute zumindest vom Stil freier Partnerschaft geprägt, auch wenn damit nicht gesagt sein kann, daß sie dem dyarchischen Modell der reinen Koordination zweier »Souveränitäten« folgen.

Solche und ähnliche Erwägungen lassen nach anderen Lösungen Ausschau halten, Lösungen, die aber, wie zu betonen ist, lediglich de conventione reformanda eingeführt werden, da die positiv-rechtliche Grundlage als solche keineswegs zweifelhaft ist.

Die neuere Entwicklung des Konkordatsrechts zeigt eine deutliche Dominante zugunsten eines radikalen Verzichts auf einen Bischofseid. Besonders aussagekräftig sind insoweit die Konkordatsverträge mit Spanien und das neue Italienische Konkordat. Diese Beispiele - wie auch schon frühere, etwa das österreichische Konkordat - zeigen übrigens, daß der Eid nicht ein notwendiges Komplementärinstitut zur politischen Klausel ist. Man kann auf den Eid verzichten, ohne zugleich auch auf die politische Klausel verzichten zu müssen.

Zwischen den Polen Aufrechterhaltung und Verzicht liegt eine Lösung, wie sie in der Schweiz bei der am 2. Mai 1978 erfolgten Revision des Vertrages zwischen der Eidgenossenschaft und dem Hl. Stuhl über die Diözese Basel gefunden worden ist. Der dort früher nach einem Vertrag von 1828 geforderte, kräftig formulierte Eid, wurde nach Art. 4 durch ein feierliches Versprechen - ohne eidliche Bekräftigung - folgenden Wortlauts ersetzt: »Vor den Vertretern der Kantone, aus denen sich die Diözese Basel zusammensetzt, verspreche ich, wie es einem Bischof geziemt, der Schweizerischen Eidgenossenschaft und den genannten Kantonen Treue. Ich verpflichte mich, alles zu tun, was in meinen Kräften steht, um in meiner Diözese das gute Einvernehmen zwischen der Römisch-Katholischen Kirche und dem Staat sowie den religiösen Frieden und das Wohlergehen des schweizerischen Volkes zu befördern.«

Diese Formel vermeidet im Vergleich zu Art. 16 des Reichskonkordats die Präponderanz von Gehorsam und Sorge für die Sicherung der Staatsautorität, sondern gebraucht eher positive Wendungen, die den Willen zur Zusammenarbeit und die Mitverantwortung der Kirche für das öffentliche Wohl zum Ausdruck bringen.

Dieses Paradigma ist nachahmenswert. Es schneidet die Verbindung mit der Tradition nicht einfach ab, sondern würde noch, um eine Formel von Axel von Campenhausen zu gebrauchen, das »beziehungsreiche Miteinander von Staat und Kirche«[40] unterstreichen. Es ist aber von möglichen Mißverständnissen entlastet und Mißbräuchen wohl nicht ausgesetzt. Nicht zuletzt atmet diese neue Form freiheitlich-partnerschaftlichen Geist.

(5) Es ist leicht zu erkennen, daß ich unter bestimmten Voraussetzungen und in bestimmten Grenzen keine prinzipiellen Schwierigkeiten sehe, an den überkommenen Lösungen festzuhalten. Hat man die Realitäten des Staat-Kirche-Verhältnisses vor Augen, so hilft der Purismus von Trennungskonzeptionen

---

[40] So A. Frhr. v. Campenhausen: *Staatskirchenrecht*, München[2] 1983, 82.

oder -parolen nicht weiter. Wir erleben in unserem Nachbarland Frankreich einen guten Anschauungsunterricht dafür, wie es andernfalls notwendigerweise zu Erosionen kommt. Immer wieder ist auch der Gesichtspunkt zu unterstreichen, daß diejenigen Normen, die für das Thema »Staat und Bischofsamt« relevant sind, nicht gegenüber dem Gesamtkomplex der Staat-Kirche-Beziehungen isoliert betrachtet werden dürfen.

Aber bleibt nicht doch das Prinzip der »Neutralität« auf der Strecke? Es besteht heute weitgehend Einigkeit darüber, daß Neutralität nicht mit strikter, gar feindlich-indifferentistischer Trennung gleichzusetzen ist, daß Neutralität neben ihren unzweifelhaft distanzierenden und negativen Elementen auch solche Elemente enthält, die positive Zuwendung und Offenheit ermöglichen, ja geradezu fordern.[41] Neutralität macht weder den Staat noch die Kirche zu einem abstrakten Neutrum, verbietet nicht Kommunikation und Kooperation zwischen zwei konkreten Größen im Rahmen einer Ordnung, die ihr historisch-politisch geprägtes Profil besitzt, verbietet insbesondere nicht, dafür zu sorgen, daß existentielle Eigeninteressen gewährt werden, und zwar beider Partner.

Wenn man auf der einen Seite erkennt, daß sittlich-religiöse Überzeugungen und Haltungen zu den Voraussetzungen gehören, von denen der freiheitliche Staat lebt, und man daraus eine Rechtfertigung für staatliche Leistungen und Gewährleistungen zugunsten der Kirchen herleitet, dann darf man auf der andern Seite dem Staat auch nicht verwehren, sich gegenüber den Kirchen zur Geltung zu bringen, wo es um die Wahrung seiner Identität geht, die ihrerseits Voraussetzung dafür ist, daß er seine Aufgaben als Garant der Freiheit, auch der kirchlichen Freiheit, erfüllt.

---

[41] Maßgebend dazu immer noch K. Schlaich: *Neutralität als verfassungsrechtliches Prinzip vornehmlich im Kulturverfassungs- und Staatskirchenrecht*, Tübingen 1972. Vgl. auch A. Hollerbach: Neutralität, Pluralismus und Toleranz in der heutigen Verfassung, in: *Zum Verhältnis von Staat und Kirche*, hg. von J. Sauer, Karlsruhe 1976, 9-24.

Harding Meyer

Das kirchenleitende Amt, insbesondere das Bischofsamt im evangelisch-lutherisch/ römisch-katholischen Dialog heute

In nahezu allen ökumenischen Dialogen unserer Zeit spielt die Frage nach dem kirchenleitenden Amt eine wichtige, oft sogar entscheidende Rolle. Allerdings ist die Art, wie sich diese Frage stellt, entsprechend den Dialogpartnern verschieden. Für Dialoge zwischen Katholiken, Orthodoxen und Anglikanern z. B. liegt der Schwerpunkt eindeutig auf der Frage nach dem universalkirchlichen Leitungsamt, d. h. dem Papstamt. Selbstverständlich ist auch für die reformatorisch geprägten Kirchen die Papstfrage eine der kapitalen Fragen, wenn es um ihr Verhältnis zur römisch-katholischen Kirche geht. Aber alles in allem hat sie nicht die Weite und Dringlichkeit, die der Frage nach dem Bischofsamt zukommt. Denn einmal ist für die reformatorischen Kirchen die Bischofsfrage in ihrem Dialog mit Orthodoxen und Anglikanern nicht weniger dringend als in ihrem Dialog mit der katholischen Kirche; zum andern ist - aus reformatorischer Sicht - die Papstfrage nur ein Sonderfall der Bischofsfrage und ihr darum der Sache nach untergeordnet. Es ist deshalb sehr bezeichnend, daß die vom II. Vatikanum vollzogende Aufwertung des Bischofsamtes - etwa durch die hohe Bewertung der Bischofsweihe (plenitudo sacramenti ordinis)[1] oder auch durch die Betonung des Kollegialitätsprinzips - die Problematik des kirchenleitenden Amts für reformatorisches Empfinden eher vertieft, für katholisches, orthodoxes und anglikanisches Denken dagegen eher entschärft hat.

---

1 LG 21 und 26.

I. Der katholisch/lutherische »Grundkonsens« über das besondere (ordinierte) kirchliche Amt

Nun ist natürlich der Frage nach dem *kirchenleitenden Amt* die Frage nach dem *kirchlichen Amt überhaupt* vorgeordnet. Ein Dissens in diesem Bereich würde sich in jenem Bereich wiederholen. Die Frage ist darum zuerst: Wie steht es mit der allgemeineren Frage nach dem kirchlichen Amt überhaupt im evangelisch-katholischen Dialog? Zeigen sich hier Divergenzen, die eine Verständigung im Blick auf die speziellere Frage nach dem kirchenleitenden Amt von vornherein erschweren oder gar unmöglich machen?

Ich möchte darum zunächst - in fünf Punkten - den lutherisch-katholischen Dialog über das kirchliche Amt im allgemeinen und seine Ergebnisse zusammenfassen:

(1) Im Blick auf das Vorhandensein des besonderen (ordinierten) Amtes stimmt man darin überein, daß »die Existenz eines besonderen Amtes bleibend konstitutiv für die Kirche ist«[2].

(2) Dieses Amt ist eingebunden in das Priestertum aller Getauften, wird aber nicht aus diesem allgemeinen Priestertum abgeleitet. Es ist vielmehr von Gott eingesetzt und repräsentiert Christus. Es steht also sowohl »in« der Gemeinde als auch der Gemeinde »gegenüber«.[3]

(3) Die Funktion dieses besonderen Amtes ist eine dreifache: Verkündigung des Wortes, Spendung der Sakramente, Leitung der Gemeinde.[4]

(4) Die Ordination zu diesem besonderen Amt geschieht »durch Handauflegung und Gebet innerhalb der gottesdienstlich versammelten Gemeinde«. Dabei wird »durch Handaufle-

---

2 Ich beziehe mich hier und im Folgenden auf das Dokument der internationalen Gemeinsamen Römisch-Katholisch/Evangelisch-Lutherischen Kommission »Das geistliche Amt in der Kirche« (1981), Nr. 9.

3 Ebd. Nr. 23.

4 Ebd. Nr. 27 und 31; s. auch »Taufe, Eucharistie und Amt« (die sog. »Lima-Erklärung« der Kommission für Glauben und Kirchenverfassung des ökumenischen Rates der Kirchen, 1982), Text über das »Amt«, Nr. 13.

gung und Gebet (Epiklese)« dem Ordinanden »die Gabe des Heiligen Geistes zugesprochen und zuteil«[5].

(5) Die Ordination wird nur einmal empfangen und nicht wiederholt, weil Christus durch die Ordination den Ordinierten »ein für allemal für den Dienst in seiner Kirche beruft«[6].

Soweit die sehr summarische Zusammenfassung der Ergebnisse des lutherisch-katholischen Dialogs über das besondere (ordinierte) Amt in der Kirche. Sie zeigt, daß hier ein Konsens zumindest im Blick auf die wesentlichen Aspekte der Amtsfrage besteht. Daß es hinsichtlich der theologischen Ausformulierung dieser Überzeugungen und im Blick auf Akzentsetzungen durchaus Unterschiede gibt, braucht nicht bestritten zu werden; diese Unterschiede sind aber nicht der Art, daß sie kirchentrennend sein müßten. Es geht hier also um das, was man einen »*Grundkonsens*« genannt hat. Er zeigt, daß ein Bemühen um Verständigung in der Frage nach dem *kirchenleitenden Amt* nicht bereits an ungelösten Fragen im Bereich des Amtsverständnisses als solchen scheitern muß.

II. Das Bischofsamt als geschichtliche Ausgestaltung des besonderen kirchlichen Amtes

Das zunächst auf die Einzelgemeinde bezogene besondere Amt hat in der Geschichte »Ausgestaltungen« erfahren.

Einerseits die Ausbreitung der Christentums und die daraus sich ergebende Sorge um Zusammenhalt und Gemeinschaft der einzelnen Gemeinden untereinander, andererseits die Gefährdung durch häretische Entwicklungen, insbesondere durch das Eindringen gnostischen Denkens, führte in der frühen Kirche zur Bildung des monarchischen Episkopats. Sie vollzieht sich im Verlauf des 2. und 3. Jahrhunderts, grob datiert in der Zeit zwischen dem 1. Clemensbrief (ca. 100) und dem Konzil von Nizäa (325). Damit wurde aus dem bislang *lokalen* Bi-

---

[5] Das geistliche Amt in der Kirche, a.a.O., Nr. 32.
[6] Ebd. Nr. 36.

schofsamt ein *regionales* Leitungsamt. In dieser von *einem* Bischof geleiteten Ortskirche (Diözese) übernahmen im Auftrag des Bischofs die Presbyter (Priester) Funktionen, die dem Bischof zukamen, besonders die Feier der Eucharistie und die Spendung der Taufe.

Kirchenleitung lag von nun an beim Bischof und erstreckte sich jeweils über mehrere Lokalgemeinden.

Dabei blieb es in den folgenden Jahrhunderten, obwohl sich auch hier weitere Ausgestaltungen ergaben. Es kam, in Anlehnung an die staatliche Gebietseinteilung, zur Bildung von Kirchenprovinzen, denen ein Metropolit vorstand, und es entstanden Patriarchate, d. h. Bischofssitze mit besonderer Ehrengeltung, da sie sich auf apostolische Gründung zurückführten.

Die Gemeinschaft unter den von Bischöfen oder Metropoliten geleiteten Ortskirchen (Diözesen) und Kirchenprovinzen wurde durch das Prinzip der Kollegialität gewährleistet, die sich äußerte und wirksam wurde vor allem in der Weihe des Bischofs, bei der stets Nachbarbischöfe mitzuwirken hatten, und in Synoden und Konzilen.

Schon früh (Damasus I., 366-384; Leo I., 440-461) kam es zu einer weiteren, allerdings auf den Westen beschränkten Ausgestaltung des kirchenleitenden Amtes: zum Anspruch des römischen Bischofs, den Jurisdiktionsprimat über alle anderen Bischöfe zu besitzen. Im christlichen Osten, der sich diesem Anspruch verschloß, wurde allenfalls dem Patriarchen von Konstantinopel ein Ehrenprimat zugebilligt. Kirchenleitende Autorität besaß er nicht. Diese lag beim Konzil aller Bischöfe. Die Gleichberechtigung der Bischöfe - also das Prinzip der »Autokephalie« der Ortskirchen - ist seither für die orthodoxe Kirche bestimmend.

III. Kirchenleitendes Amt und reformatorische Erfahrung

Diese kirchliche Struktur, wie sie sich in der Christenheit - mit den erwähnten Unterschieden zwischen Ost und West - herausgebildet hatte, zerbrach im Abendland durch das Reformationsgeschehen.

Das damals bestehende kirchenleitende Amt - Bischöfe und Papst - verschloß sich den am biblischen Evangelium orientierten Erneuerungsanliegen der Reformation, ja widersetzte sich ihnen. Das war eine der formativen Grunderfahrungen der Reformation, die zum Selbstverständnis und zur Identität der reformatorischen Kirchen hinzugehört.

Katholischerseits muß man - auch wenn man anderer Meinung ist - sich diese reformatorische Erfahrung in ihrem prägenden Charakter und mit ihrem kirchlichen und theologischen Niederschlag sehr genau klar machen: In den Augen der Reformatoren erwies sich das kirchenleitende Amt, dem ja gerade die Wahrung und der Schutz evangeliumsgemäßer Predigt und Sakramentsverwaltung *zugewiesen und anvertraut* war, als ein Amt, das sich dem Appell des Evangeliums *verschloß*.

Das mußte sich ekklesiologisch, im Verständnis des kirchenleitenden Amtes, niederschlagen. Dieses Amt konnte - so die reformatorische Erfahrung - nicht jene hohe Bedeutung haben, die das vorreformatorische Verständnis von Kirche und dementsprechend die damalige Kirchenverfassung ihm zusprach: Garant für das Bleiben der Kirche in der Wahrheit zu sein. Die Reformation bezieht darum das der Kirche von ihrem Herrn zugesprochene Bleiben in der Wahrheit (Mt 18,18) nicht in erster Linie auf das kirchenleitende Amt, sondern auf die Kirche als ganze. Die lutherischen Bekenntnisschriften sagen es, wo sie sich gegen die »neue römische Definition der Kirche« wenden, sehr präzis: »Darum soll man die Sprüche, so von der rechten Kirchen reden, nicht auf die Päpste und Bischöfe deuten, nämlich daß sie Säulen der Wahrheit sein, item, das sie nicht irren können.«[7]

---

7 Apologie des Augsburger Bekenntnisses VII, 27: »Nec est ad pontifices transferendum, quod ad veram ecclesiam pertinet, quod videlicet sint columnae veritatis, quod non errent« (*Bekenntnisschriften der evangelisch-lutherischen Kirche*, Göttingen ^{3}1956 [BSLK, 240]). Vgl. auch die reformatorische Auslegung der Petrus-Zusage von Mt 18 als auf die *ganze* Kirche und ihren Glauben bezogene Zusage.

IV. Das Bischofsamt im Urteil der lutherischen Reformation

Was ist - von hierher gesehen - nun die Auffassung der Reformation vom kirchenleitenden Amt und die entsprechende kirchliche Praxis der reformatorischen Kirchen?

Ich konzentriere mich auf das *Bischofsamt.*

Auf *calvinistisch-reformierter Seite* hat man starke Vorbehalte gegenüber dem Bischofsamt als solchem, verstanden als einem dem Pfarramt übergeordneten Aufsichtsamt. Es kann sogar ausdrücklich abgelehnt werden.[8] Wohl gibt es heute »Präsidenten/innen« oder »Moderatoren« reformierter Landes- oder Nationalkirchen. »Bischöfe« aber gibt es - abgesehen von der reformierten Kirche in Ungarn - nicht.

Im *Luthertum* dagegen bleibt die Wertschätzung des Bischofsamtes erhalten und hat heute, nach dem Kirchenkampf und den Erfahrungen der Kirchen nicht zuletzt im Bereich der sozialistischen Länder, deutlich zugenommen. Der positivste Fall sind von jeher die lutherischen Kirchen in den skandinavischen Ländern, und hier besonders die schwedische und die finnische Kirche, wo dem Anspruch nach die historische Sukzession im Bischofsamt erhalten geblieben ist.

Im Deutschland der Wittenberger Reformation ist im 16. Jahrhundert der Wunsch nach Bewahrung des Bischofsamtes immer wieder und mit Nachdruck zum Ausdruck gebracht worden:

Dem bekannten Art. 28 der *Augsburger Konfession* geht es nicht um Ablehnung, sondern um die Reform des Bischofsamtes, vor allem um die Entflechtung von geistlicher und weltlicher Macht der Bischöfe und um die Entwicklung eines evangelischen Verständnisses vom Amt des Bischofs: »... das bischoflich Ambt (ist) nach göttlichem Recht das Evangelium predigen, Sunde vergeben, Lehr urteilen und die Lehre, so dem Evangelium entgegen, verwerfen und die Gottlosen, dero gottlos Wesen offenbar ist, ausschließen, ohn menschliche Gewalt, sondern allein durch Gottes Wort. Und

---

8 Confessio Helvetica Prior (1536), 18; Confessio Gallicana (1559), 30.

deshalb seind die Pfarrleut und Kirchen schuldig, den Bischöfen gehorsam zu sein, lauts dieses Spruchs Christi, Luca am 10. 'Wer euch höret, der höret mich'.«[9]

Die *Apologie* der Augsburger Konfession kann darum sagen: »Von der Sache haben wir uns etlichemal auf diesem Reichstag hören lassen, daß wir zum höchsten geneigt sind (summa voluntate cupere), alte Kirchenordnung und der Bischofe Regiment ... helfen zu erhalten, so die Bischofe unser Lehre dulden und unsere Priester annehmen wollten (conservare politiam ecclesiasticam et gradus in ecclesia, factos etiam humana auctoritate).«[10]

In den *Schmalkaldischen Artikeln* Luthers (1537), die ja ebenfalls zu den Bekenntnisschriften der lutherischen Kirchen gehören, heißt es: »Wenn die Bischöfe wollten rechte Bischöfe sein und der Kirchen und des Evangeliums sich annehmen, so mochte man das umb der Liebe und Einigkeit (caritas et tranquillitas) willen, doch nicht aus Not (ex necessitate sc. salutis) lassen gegeben sein, daß sie uns und unsere Priester ordinieren und konfirmieren.«[11]

Als es klar wurde, daß die altkirchlichen Bischöfe sich der Reformation widersetzten, kam es in drei Gebieten zu dem vor allem von Luther selbst betriebenen Versuch, evangelische Bischöfe einzusetzen: in Naumburg (Nikolaus Amsdorf), in Merseburg (Georg von Anhalt) und im Samland (Preußen; Georg von Polentz). Dieser Versuch scheiterte, vorwiegend an politischen Faktoren.[12] Er ist aber bezeichnend für die Wertschätzung des Bischofsamtes und den Wunsch, dieses Amt zu bewahren.

Weil - einerseits - die altkirchlichen Bischöfe sich der Reformation widersetzten und - andererseits - die Versuche der Schaffung eines evangelischen Bischofsamt scheiterten, lag die

---

9 Confessio Augustana 28,21 (= BSLK, 124).

10 Apologie XIV, 1 (= BSLK 296f.).

11 BSLK, 457.

12 Siehe dazu I. Höß: Episcopus Evangelicus. Versuche mit dem Bischofsamt im deutschen Luthertum des 16. Jahrhunderts, in: *Confessio Augustana. Der Augsburger Reichstag 1530 und die Einheit der Kirche*, hg. von E. Iserloh, Münster 1980, 499ff.

Konsolidierung der Reformation in den Händen der evangelisch gesinnten Reichsstände (Fürsten und Städte), die schon seit 1526 das ius reformandi beanspruchten und in der Folge - als »Notbischöfe« - die kirchlichen Verhältnisse durch Visitationen, Einsetzung von Superintendenten und Errichtung von Konsistorien regelten. 1555 gingen die geistliche Jurisdiktion und alle iura episcopalia endgültig auf den evangelischen Landesherrn über, der damit eigentlicher »Bischof« der Kirche seines Territoriums wurde. Damit war für die nächsten Jahrhunderte der »landesherrliche Summepiskopat« etabliert.

V. Das »synodale Bischofsamt« in den evangelischen Kirchen heute

Erst das Ende des Ersten Weltkrieges brachte das Erlöschen dieses landesherrlichen Summepiskopats und den Beginn einer neuen bischöflichen Ordnung in den evangelischen Kirchen Deutschlands. Zwar gelang es zunächst nicht, die von Luther empfohlene Orientierung des Bischofsamtes am Predigtamt mit dem neuen synodalen Verständnis und dem obrigkeitlich-konsistorialen Charakter der Kirchenleitung in rechten Einklang zu bringen. Auch wirkten staatskirchliche Selbstverständlichkeiten nach: Das Amt der Generalsuperindendenten konnte den landesherrlichen Summepiskopus nicht unmittelbar beerben, weil es noch zu sehr in seinem Schatten stand. Die neuen Kirchenverfassungen wurden dem demokratischen Verfassungsrecht des Staates direkt nachgebildet. Die kirchliche Leitungskompetenz fiel den Synoden zu und diese verstanden sich eher genossenschaftlich als geistlich.

Erst nach dem Zweiten Weltkrieg und den Erfahrungen des Kirchenkampfes konnte der *Grundsatz einer geistlichen Kirchenleitung* sich durchsetzen und in die Praxis umgesetzt werden. Dieser Grundsatz hat seit 1945 die Herausbildung des »*synodalen Bischofsamtes*« in den Kirchenordnungen der lutherisch oder uniert geprägten deutschen Landeskirchen ermöglicht.

Was heißt das nun: »*synodales Bischofsamt*«?

Ohne auf die Einzelheiten der Verfassungen der lutherischen und unierten Kirchen und gelegentliche Divergenzen unter ihnen einzugehen, sei folgendes hervorgehoben:

(1) Die Leitung der Kirche wird wahrgenommen durch ein Zusammenwirken von *Synode* (Landessynode), *Kirchenleitung* (Landeskirchenrat), die die Aufgaben der Synode in der Zeit zwischen ihren Tagungen wahrnimmt, und *Bischof* (Landesbischof), wozu man dann noch die Leitung der *kirchlichen Verwaltung* (Oberkirchenrat, Landeskirchenamt) hinzunehmen muß. Die Zuordnung vor allem der ersten drei dieser Leitungsorgane ist unter den einzelnen Kirchen variabel. Aber das zugrundeliegende Prinzip ist überall dasselbe: *Die Vollmacht des Bischofs kann nur im Zusammenwirken mit Leitungsorganen wahrgenommen werden, in denen Laien gleichberechtigt beteiligt sind.* Mit anderen Worten: Wie in der Einzelgemeinde, so gestaltet sich auch auf übergemeindlicher Ebene Kirchenleitung im Miteinander und Gegenüber von Amt und Gemeinde.

(2) Die Synode, die nicht mehr nur als genossenschaftliche, sondern als *geistliche Versammlung* verstanden wird - sie besteht aus Pfarrern und Kirchenvorstehern -, *wählt den Bischof*, und zwar in den meisten deutschen Kirchen auf Lebenszeit.

(3) *Der Kern des Auftrags von Pastor und Bischof ist derselbe.*[13] Darum ist auch ihre *Dignität dieselbe*, selbst wenn

[13] Das ist seit der Reformation ein allgemein evangelischer Grundsatz. Vgl. z. B. Melanchthons Traktat »De potestate et primatu papae«, der zu den Bekenntnisschriften der lutherischen Kirchen gehört: »... denn das Evangeli gebeutet denen, so den Kirchen sollen furstehen, daß sie das Evangelion predigen, Sunde vergeben und Sacramenta reichen sollen, und uber das gibt es ihnen die Jurisdictio, daß man die, so in offentlichen Lastern liegen, bannen und, die sich bessern wollen, entbinden und absolvieren soll. Nun muß es jedermann, auch unsere Widersacher, bekennen, daß diesen Befelch zugleich alle haben, die den Kirchen furstehn, sie heißen Pastores und Presbyteri oder Bischofe. Darumb spricht auch Hieronymus mit hellen Worten, daß Episcopi und Presbyteri nicht unterschieden sind, sondern daß alle Pfarrherrn zugleich Bischofe und Priester sind ...« (BSLK

dem Bischof gewisse Aufgaben und Funktionen in besonderer Weise zufallen. Im Unterschied zum römisch-katholischen Verständnis, nach dem allein dem Bischof die Fülle des Amtes zukommt[14] und die Presbyter als Mitarbeiter, Hilfe und Organ des Bischofs vom Bischof abhängig sind[15], ist in den reformatorischen Kirchen *das Bischofsamt vom Pfarramt her konzipiert.* Als »pastor pastorum« bedarf der Bischof keiner besonderen »Weihe« oder »Ordination«.

(4) Die besonderen Aufgaben und Funktionen des Bischofs sind die eines *»pastor pastorum«* (Ordination, Visitation, Wächteramt) und eines *»pastor ecclesiae«* (u.a. allgemeines Kanzelrecht, Hirtenbriefe, Vertretung der Kirche in der Öffentlichkeit, Verbindung zur Ökumene). Man kann darum durchaus sagen, daß *das synodale Bischofsamt in den evangelischen Kirchen »in funktionaler Hinsicht dem der vorreformatorischen Kirchen (heute) entspricht«*[16], abgesehen davon, daß die bischöflichen Funktionen evangelischerseits ungleich stärker innerhalb eines Rahmens wahrgenommen werden, zu dem andere kirchliche Leitungsorgane hinzugehören, an denen stets Laien gleichberechtigt beteiligt sind.

VI. Der katholisch-lutherische Dialog über das Bischofsamt

Wie steht es auf diesem Hintergrund nun mit dem ökumenischen, insbesondere dem lutherisch-katholischen Dialog über das Bischofsamt und seinen Ergebnissen?

Die crux liegt heute weniger in der *Ausübung* des Bischofsamt, wie es zur Reformationszeit der Fall war, als sich im Bischofsamt geistliche und weltliche Gewalt noch verflochten und die Bischöfe sich den zentralen theologischen und

---

489f.). Das Modell der frühen Kirche, in dem die Bischöfe faktisch die Gemeindeleiter in einer Stadt waren, hat hier Pate gestanden.

14 LG 21 und 26.

15 LG 28. Vgl. Das geistliche Amt in der Kirche, a.a.O., Nr. 41.

16 So M. Hein/H.-G. Jung in: *Evangelisches Kirchenlexikon*, Göttingen^{3} 1986, 522.

kirchlichen Anliegen der Reformation verschlossen, ja sie bekämpften.

Sicher gibt es auch hier noch wichtige Fragen, zum Beispiel die Frage des bischöflichen Vorbehaltsrechtes der Ordination, das es so in den lutherischen Kirchen nicht gibt, oder die erwähnte Frage der Einbindung bischöflicher Vollmacht in den weiteren Zusammenhang von kirchlichen Leitungsorganen, an denen Laien beteiligt sind. Die eigentliche crux liegt heute - wenn man auf den ökumenischen Dialog schaut - eindeutig in der Frage nach dem *ekklesialen Stellenwert des Bischofsamtes* in Gestalt des monarchischen, in historischer Sukzession stehenden Episkopats, wie es sich in der frühen Kirche herausgebildet hatte und von der römisch-katholischen Kirche, den orthodoxen Kirchen und auch - zumindest nach deren Selbstverständnis - den anglikanischen Kirchen bewahrt worden ist. Ist *diese Gestalt des Bischofsamtes* für Kirche-sein »wesentlich«, »notwendig«, »unabdingbar«? Das ist die entscheidende Frage.

Der ökumenische Dialog hat beim Versuch der Verständigung in dieser Frage eine m. E. wichtige, problemerhellende und problementlastende Erweiterung der Fragestellung vollzogen, indem er zunächst nicht nach dem «Bischofsamt« oder dem »Episkopat«, sondern nach der »bischöflichen«, der *»episkopalen Funktion«* fragte. Er tut das terminologisch unter dem Begriff *»episkopé«*.

Seit einer Reihe von Jahren, genauer: seit Mitte der sechziger Jahre ist dieser Begriff »episkopé« zu einem der Schlüsselbegriffe in der Debatte um das Bischofsamt wie überhaupt um das kirchenleitende Amt geworden. Man hat dabei aufweisen können, daß sich »episkopé« - verstanden als Funktion übergemeindlicher pastoraler Aufsicht und pastoralen Dienstes an der Einheit der Kirche - auch in nicht-bischöflichen Kirchen fortgesetzt hat. Das kommt dem Beweis nahe, daß die Wahrnehmung von »episkopé« bzw. von bischöflichen Funktionen und Aufgaben für das Leben der Kirchen, insbesondere für ihre Kontinuität und Einheit, *»wesentlich«* ist.

Im Rückblick auf die Geschichte der lutherischen Kirchen kann darum der katholisch/lutherische Dialog konstatieren:

»... die Funktion der Episkopé (wurde) als für die Kirche notwendig festgehalten«[17]. Und die »Lima-Erklärung« über das Amt sagt allgemein: »... ein Dienst der 'episkopé' (ist) notwendig, um die Einheit des Leibes zum Ausdruck zu bringen und zu bewahren. Jede Kirche braucht diesen Dienst der Einheit in irgendeiner Form.«[18]

Erst danach und auf der Basis dieses Konsenses greift man nun die Kontroversfrage auf: Ist diese notwendige »episkopé« nur in Gestalt des früh- und altkirchlichen Episkopats legitim, also in Gestalt des in ungebrochener historischer Sukzession stehenden monarchischen Episkopats? Ist es diese, und nur diese Gestalt der »episkopé«, derer die Kirche zu ihrer Apostolizität und damit zu ihrem Kirche-sein bedarf, und zwar so sehr bedarf, daß ihr Fehlen einen »sacramenti ordinis defectus« bewirkt, der sich bis hinein in die »Wirklichkeit« des Eucharistiesakraments auswirkt?[19]

Die gelebte Erfahrung und die theologische Überzeugung der Reformationskirchen, von denen ich sprach, verneinen das.

Damit wird die früh- und altkirchliche Form der »episkopé« aber keineswegs abgelehnt oder vergleichgültigt. Dieses in historischer Sukzession stehende Bischofsamt gehört auch nach lutherischer Auffassung - wie sie in den Dialogen und Dialogdokumenten ihren Ausdruck findet - zu den legitimen geschichtlichen Ausgestaltungen des kirchlichen Amtes bzw. kirchlicher »episkopé«. »Als Ausdruck der Einheit der apostolischen Kirche durch die Völker und Zeiten« und »als Zeugnis für die Universalität des Evangeliums der Versöhnung« erscheint dieses Amt den Lutheranern durchaus als »sinnvoll«, ja als »wünschenswert«, wie es ja auch im Zeugnis der Reformatoren zum Ausdruck kommt. Es kann von lutherischer Seite sogar als »Wirkung des Geistes« verstanden werden.[20]

---

17 Das geistliche Amt in der Kirche, a.a.O., Nr. 43

18 Nr. 23.

19 UR 22.

20 Das geistliche Amt in der Kirche, a.a.O.,Nr. 45.

Katholischerseits wird in den Dialogen zugegeben, daß »das *inhaltliche* Verständnis der Apostolizität (also die Apostolizität des Glaubens und der Lehre) das *Primäre*« sei.[21] Es wird auch darauf hingewiesen, daß in den lehramtlichen Äußerungen das Bischofsamt bzw. die Unterscheidung zwischen Priester und Bischof zwar als »divina ordinatione«[22] bzw. als »ab antiquo« bestehend, aber nie als »de iure divino« erklärt worden ist.[23]

Dennoch bleibt es katholischerseits dabei, daß dieses Bischofsamt - und nicht nur die Funktion der »episkopé«! - für die Kirche »unverzichtbar« ist.

Es bleibt also eine ganz deutliche *Differenz in der Bewertung* des in apostolische Sukzession stehenden Bischofsamtes, eine Differenz, die durch die Attribute »wünschenswert«-»unverzichtbar«, »sinnvoll«-»notwendig« signalisiert wird.

Es scheint, daß mit diesem Ergebnis zunächst einmal das Konsensmögliche im Dialog über das Bischofsamt erreicht ist. Ein Forttreiben der Konsensbemühungen würde die Integrität der Kirchen in Frage stellen, weil es darauf hinaus liefe, daß entweder die katholische oder die evangelische Seite die eigene Tradition und geistliche Erfahrung verleugnen müsste.

VII. Die Wiedergewinnung katholisch/lutherischer Gemeinschaft im Bischofsamt

Die Frage, die sich nun stellt und die der Dialog auch erörtert hat, ist:

Bedeutet diese Differenz in der Bewertung des in historischer Sukzession stehenden Bischofsamtes eine Differenz, die die Gemeinschaft in diesem Amt unmöglich macht, oder ist es möglich, trotz dieser Bewertungs- und Interpretationsdifferenz und gewissermaßen »über sie hinweg« doch gemeinsam an der Wirklichkeit dieses Amtes teilzuhaben?

---

21 Ebd. Nr. 60.
22 Trienter Konzil, DS 1776.
23 LG 28; CIC 375,1: »ex divina institutione«.

Im Dialog hat man gemeint, sich im letzten Sinne entscheiden zu können.

Im Blick auf die Frage, *wie* das möglich ist, zeichnen sich im Dialog, nachdem man frühere Vorstellungen und Vorschläge als unzureichend erkannt hat[24], im wesentlichen *zwei Optionen* oder Vorschläge ab.

Die *erste Option* ist die *wechselseitige Anerkennung der in beiden Kirchen bestehenden Ämter*. Die Argumentation ist folgende: Wenn man zu der Überzeugung gelangt ist, daß beide Kirchen die Apostolizität des Glaubens, der Lehre, der Verkündigung und der Sakramente - also die Apostolizität im »inhaltlichen« Sinne, die ja nach gemeinsamer Auffassung »das Primäre« ist (s.o.) - bewahrt haben, dann kann man auch das Amt bzw. die Ämter der Kirchen, die ja für die Wahrung dieser Apostolizität instrumental sind, anerkennen. Man kann dabei zugleich darauf hinweisen, daß in den evangelischen Kirchen auch die *Amts*sukzession grundsätzlich bewahrt worden sei, sofern dort - im Sinne der frühen Kirche - das Pastorenamt im Kern als Bischofsamt verstanden ist und die Ordination der Pastoren stets unter Mitwirkung anderer Pastoren durchgeführt wurde und wird. Es ginge dann um die katholische Anerkennung, daß im Falle der reformatorischen Kirchen und in ihrer geschichtlichen Notsituation ein legitimes Amt, einschließlich der - in diesem Falle »presbyteralen« - Amtssukzession, bewahrt worden ist.

Die *zweite Option* möchte einen Schritt weitergehen und nicht bei der wechselseitigen Anerkennung der vorhandenen Ämter stehenbleiben. Diese Option stellt sich deshalb dar als eine prozeßhafte *Verbindung von wechselseitiger Anerkennung der bestehenden Ämter UND Einordnung der evangelischen Ämter in die historische Amtssukzession*, wobei dann am Ende dieses ganzheitlichen Prozesses *ein gemeinsames Amt* stehen würde.

---

24 Zum Beispiel Reordination, Zusatzordination, Akt einer »Versöhnung der Ämter« oder wechselseitige Beauftragung (siehe dazu das Dokument der Gemeinsamen Römisch-Katholischen/Evangelisch-Lutherischen Kommission »Einheit vor uns« [1985], Nr.140).

Diese Option ist unlängst im internationalen anglikanisch/lutherischen Dialog vertreten[25], war aber schon zuvor im internationalen katholisch/lutherischen Dialog entwickelt worden.[26] Beide Vorschläge sind Varianten grundsätzlich derselben Option. In unserem Zusammenhang möchte ich mich auf den Vorschlag des katholisch/lutherischen Dialogs konzentrieren und ihn in seinen Hauptlinien darlegen:

Wie schon bei der ersten Option so ist auch hier die Voraussetzung, daß man gemeinsam bejaht, die Apostolizität des Glaubens, der Verkündigung und der Sakramente, dazu das ordinierte Amt in seiner Grundstruktur seien in beiden Kirchen bewahrt. Es muß, so heißt es, »im Blick auf den Glauben, das sakramentale Leben und das ordinierte Amt ein Grundkonsens erreicht (sein), der die zwischen Katholiken und Lutheranern noch bestehenden Verschiedenheiten nicht mehr als kirchentrennend erscheinen läßt und die gegenseitigen Lehrverurteilungen gegenstandlos macht« (Nr. 123)[27]. Es muß also wechselseitig anerkannt werden, »daß in der anderen Kirche die Kirche Jesu Christi verwirklicht ist« (Nr. 124).

Nunmehr kann der Prozeß einer Wiedergewinnung auch der Gemeinschaft im Amt - der »Dienstgemeinschaft«, wie es im Dokument heißt - beginnen.

In einer Formel, bei der jedes Wort zu bedenken ist, wird dieser Prozeß folgendermaßen beschrieben:

»Eine offiziell auszusprechende, wechselseitige Anerkennung der kirchlichen Ämter setzt in Form eines Initialaktes die gemeinsame Ausübung der Episkopé frei, aus der dann in einer Folge von Ordinationen ein gemeinsames kirchliches Amt entsteht.« (Nr. 118)

Drei Aspekte müssen beim Verständnis dieser Formel oder dieses Vorschlags hervorgehoben werden:

---

[25] *Niagara-Bericht. Bericht der Anglikanischen/Lutherischen Konsultation über Episkopé* 1987, Frankfurt 1989, bes. Nr.88-96 und 114 und. 115.

[26] »Einheit vor uns«, a.a.O., bes. Nr. 117-145.

[27] Diese und die folgenden Nummern beziehen sich auf das katholisch/lutherische Dokument »Einheit vor uns«, a.a.O.

(1) Der beschriebene Prozeß ermöglicht es, unter Belassung der Bewertungs- und Interpretationsdifferenz im Blick auf die historische Bischofssukzession die Gemeinschaft im Amt wiederzugewinnen. Denn dieser Prozeß gewährleistet ein Doppeltes:
(a) Die offizielle Anerkennung der Ämter, mit der der Prozeß einsetzt, schließt das Mißverständnis aus, als sei das bisherige Amt in den lutherischen Kirchen ungültig. Eine solche Auffassung wäre *lutherischerseits* nicht akzeptierbar.[28]
(b) Als integraler, nicht isolierbarer Bestandteil eines ganzheitlichen Prozesses, der zu einem gemeinsamen Amt führt, erscheint *katholischerseits* die Anerkennung des lutherischen Amtes nicht länger als unmöglich, sondern als vertretbar. Denn das Amt, das nunmehr katholischerseits in den lutherischen Kirchen anerkannt wird, steht nicht mehr unter dem Verdikt, an einem die Anerkennung verhindernden »sacramenti ordinis defectus« zu leiden, sofern es ja jetzt ein Amt darstellt, das in einen verbindlichen Prozeß eingetreten ist, der zu einem gemeinsamen Amt in apostolischer Sukzession hinführen wird.

Dort werden also lutherische, *hier* katholische Überzeugungen und Bedenken respektiert, werden aber doch in einem ganzheitlichen Prozeß so verbunden, daß sie sich nicht mehr gegenseitig ausschließen, sondern zusammengehen können.
(2) Der Prozeß von der wechselseitigen Anerkennung der Ämter bis hin zu einem verwirklichten gemeinsamen Amt vollzieht sich so, daß vom Augenblick jener Anerkennung an - und durch sie ermöglicht! - lutherische und katholische Inhaber der Episkopé die in ihren Kirchen oder kirchlichen Bereichen anfallenden Ordinationen neuer Amtsträger *gemeinsam* vollziehen. Das ist mit der »Folge der Ordinationen« (Nr. 118) gemeint, die sich über eine entsprechend lange Zeit erstreckt.
(3) Für das rechte Verständnis des gesamten Vorschlages ist es unerläßlich, stets zu beachten, daß der vorgeschlagene »Prozeß« (Nr. 118), auch wenn er sich zeitlich erstreckt, einen »ganzheitlichen und korrelativen« Charakter hat. Das Dokument unterstreicht dies immer wieder. Kein Teilelement oder Schritt in diesem Prozeß darf isoliert werden:

Die »wechselseitige Anerkennung der kirchlichen Ämter« ist ihrem Wesen nach die Initiierung der »gemeinsamen Ausübung der Episkopé«, aus der dann in der »Folge von Ordinationen« das »gemeinsame kirchliche Amt« entsteht; und die durch die Inhaber der »episkopé« gemeinsam

---

[28] Siehe dazu »Einheit vor uns«, a.a.O., Nr. 139, wo es heißt, die Kirchen »überlassen Gott das Urteil über die Vergangenheit«, und wo in einer Fußnote auf die »Lima-Erklärung« über das Amt verwiesen wird, die ausdrücklich konstatiert (Nr. 38): Kirchen, die bereit sind, die bischöfliche Sukzession zu übernehmen, »können ... keinem Vorschlag zustimmen, der darauf hinausläuft, daß das Amt, das in ihrer eigenen Tradition ausgeübt wird, nicht gültig sein sollte bis zu dem Augenblick, wo es in eine bestehende Linie bischöflicher Sukzession eintritt«.

vollzogenen »Folge von Ordinationen«, aus der das »gemeinsame kirchliche Amt« entsteht, ist undenkbar ohne den sie initiierenden Akt der »wechselseitigen Anerkennung der kirchlichen Ämter«.

VIII. Abschließende Überlegungen

Soweit die beiden Optionen im heutigen lutherisch-katholischen Dialog über das Bischofsamt und die Frage einer »Amtsgemeinschaft« der Kirchen.

Ich selbst befürworte, auch als Mitverfasser des Dokuments »Einheit vor uns«, mit Nachdruck die *zweite Option* und habe dafür die folgenden Gründe:

(1) *Eine gegenseitige Anerkennung der Ämter, die sich grundsätzlich nicht in eine gemeinsame Ausübung des kirchenleitenden Amtes und die daraus sich ergebende Entstehung eines gemeinsamen Amtes fortsetzt, sondern davor halt macht, würde nicht zu der im Dialog angestrebten vollen Kirchengemeinschaft führen.* So unerläßlich eine gegenseitige Ämteranerkennung auch ist, würde sie, wenn es nur dabei bliebe, nicht über ein gegenseitig sich respektierendes Nebeneinander der Kirchen und ihrer Ämter hinausführen. Zu einer *wahrhaft verpflichteten Gemeinschaft*, auch und gerade im Bemühen um gemeinsames kirchliches Handeln und die dafür nötige gemeinsame Entscheidungsfindung - ob dieses Bemühen nun von Fall zu Fall gelingt oder nicht -, käme es allenfalls in Sonderfällen. Zum normalen Leben einer solchen Gemeinschaft von Kirchen würde es jedoch nicht hinzugehören.[29]

(2) *Es ist klar, daß katholischerseits - rebus sic stantibus - die Verwirklichung voller Kirchengemeinschaft und die dafür zentrale Abendmahls- oder Eucharistiegemeinschaft ohne die Gemeinschaft im historischen Bischofsamt nicht denkbar ist.* Die

[29] So argumentiert auch das Dokument »Einheit vor uns«, wenn es fordert: »Das Nebeneinander wechselseitig sich anerkennender Ämter muß überführt werden in eine gemeinsame Ausübung des kirchlichen Amtes, wobei der gemeinsamen Ausübung des 'Amtes der Leitung und der pastoralen Aufsicht (Episkopé)' seiner Natur gemäß besondere Bedeutung zukommt« (Nr. 92; vgl. Nr. 87-91).

Aussagen des Vatikanum II[30] und die wiederholten Aussagen katholischer Lehr- und Leitungsinstanzen lassen an diesem Punkte gar keinen Zweifel. Eine bloße gegenseitige Anerkennung der kirchlichen Ämter, so wie sie sind, ist darum katholischerseits *weder* der geltenden Lehre nach *möglich, noch* für die Verwirklichung von Kirchengemeinschaft *hinreichend.* Im Blick auf ein Amt jedoch, das mit dem Augenblick seiner Anerkennung in den verbindlichen Prozeß der Wiedergewinnung der historischen Sukzession eintritt, verhält es sich anders und braucht der bisherige Vorbehalt nicht mehr zu gelten.

(3) *Die evangelisch-lutherischen Kirchen haben allen Anlaß, sowohl im Lichte der Reformation und der reformatorischen Bekenntnisschriften als auch im Lichte der konkreten Erfahrungen, die sie selbst in letzter Zeit mit dem Bischofsamt gemacht haben, die Bedeutung dieser aus der Frühzeit der Kirche herkommenden Form der Episkopé hoch zu schätzen.* Angesichts der besonderen Verantwortung des Bischofs, als »pastor pastorum« und »pastor ecclesiae« für die Einheit der Kirche zu sorgen und über die Wahrheit der Evangeliumsverkündigung zu wachen, erscheint die historische Sukzession im Bischofsamt und ihre Übernahme als ein höchst sinnvolles Zeichen für und als ein nachdrücklicher Verweis auf die Universalität und Einheit der Kirche in Raum und Zeit und die Bindung ihrer Verkündigung und Lehre an den apostolischen Ursprung.

(4) *Indem die römisch-katholische Kirche - auf der Grundlage einer erreichten Gemeinschaft in Glauben und Lehre - Amtsgemeinschaft mit Kirchen wie den lutherischen Kirchen aufnimmt, die das in historischer Sukzession stehende Bischofsamt übernehmen, seine ekklesiologische Bedeutung jedoch anders bestimmen, als es katholischerseits geschieht, erweist die katholische Kirche, daß die von ihr vertretene ekklesiale Unab-*

---

30 Zum Beispiel die Aussage des Ökumenismusdekrets, daß die reformatorischen Kirchen bzw. »die getrennten Kirchen und kirchlichen Gemeinschaften im Abendland« wegen des Fehlens des Weihesakramentes (propter Sacramenti Ordinis defectum) die ursprüngliche und vollständige Wirklichkeit des eucharistischen Mysteriums nicht bewahrt haben» (UR 22).

dingbarkeit dieses Amtes die Priorität der »Apostolizität der Kirche im inhaltlichen Sinne«[31] *nicht schmälert.* Denn es muß deutlich bleiben, daß das von Gott der Kirche eingestiftete Amt - in jeder seiner geschichtlichen Ausgestaltungen - sich zur Apostolizität des Glaubens und der Evangeliumsverkündigung in Wort und Sakrament *wie Dienst verhält* und ihr in diesen Sinne zu- und untergeordnet ist. Wie hoch auch immer das kirchliche Amt als solches und in seinen geschichtlichen Ausgestaltungen bewertet werden mag, muß diese Zu- und Unterordnung doch unverdeckt sichtbar bleiben. Nur unter dieser, im Prinzip auch von katholischer Seite geteilten Voraussetzung, ist lutherischerseits die durchaus sinnvolle und darum wichtige und wünschenswerte Teilhabe am historischen Bischofsamt vertretbar. Indem die römisch-katholische Kirche bejaht und anerkennt, daß eine andere, wie z. B. die lutherische Kirche zusammen mit ihr an der Wirklichkeit des historischen Bischofsamtes in vollem Sinne teilhaben kann, unbeschadet der Differenz hinsichtlich der ekklesiologischen Bewertung dieses Amtes, ist jene Voraussetzung gegeben.

[31] Das geistliche Amt in der Kirche, a.a.O., Nr. 59 und 60.

Gisbert Greshake

Bischofsernennungen im Lichte einer Theologie des kirchlichen Amtes und einer Communio-Ekklesiologie

Wenngleich in diesem Beitrag das Problem der Bischofsernennungen von einem Dogmatiker behandelt wird, soll dies doch nicht auf »rein« dogmatische Weise geschehen. Vielmehr richtet sich der Blick zunächst noch einmal auf die konkrete Geschichte der Bischofsbestellungen (wobei es zu gelegentlichen Wiederholungen dessen kommen wird, was im Beitrag von Prof. Potz in rechtsgeschichtlichem Zusammenhang ausgeführt wurde). Als Dogmatiker und Dogmengeschichtler geht es mir darum, den faktischen Verlauf der Geschichte zu *verstehen*, d. h. den glaubensmäßigen Hintergrund und die treibenden theologischen Faktoren zu erfassen, welche die geschichtliche Entwicklung angetrieben haben und sie verständlich machen. Umgekehrt kann dann auch die Geschichte zur Anfrage an die derzeitige kirchliche Praxis werden. Sie kann uns vielleicht sogar Hinweise dafür bieten, wie und wo die heilenden Kräfte zu finden sind, um mögliche Fehlentwicklungen in der Kirche wieder zum Guten zu wenden. Kurz: es geht im folgenden Problemabriß um ein »Gespräch« zwischen Dogma und Geschichte.[1]

---

1 Die geschichtliche (kirchen- und rechtsgeschichtliche) Literatur zur Frage der Bischofsbestellungen ist unübersehbar. Hier sei nur die für unsere dogmengeschichtliche und dogmatische Reflexion wichtigste, die zum größten Teil auch für die folgenden Ausführungen hilfreich war, genannt; in fast allen Beiträgen finden sich weitere Literaturangaben: J. Bernhard: Das Konzil von Trient und die Bischofswahl, in: *Concilium* 16 (1980) 478-483; Y. Congar: *Der Laie*, dt. Stuttgart [3]1964, 386-393; ders.: Von der Gemeinschaft der Kirchen zur Ekklesiologie der Weltkirche, in: Y. Congar (Hg.): *Das Bischofsamt und die Weltkirche*, dt. Stuttgart 1964, 245-282; F. X. Funk: Bischofswahlen im christlichen Altertum und im Anfang des Mittelalters, in: *Kirchengeschichtliche Abhandlungen und Untersuchungen I*, Paderborn 1897, 23-39; J. Gaudemet: Das Weihesakrament in der Gesetzgebung der alten Konzilien, in: *Das apostolische Amt*, hg. von J. Guyot, dt. Mainz 1961, 172-192; ders.: Von der Bischofswahl zur Bischofsernennung,

Dabei soll das Problem der Bischofsernennungen zunächst einmal - wie ja das erste Element unseres Themas lautet - in den Rahmen der Amtstheologie hineingestellt werden.

I. Bischofsbestellungen im Lichte einer Theologie des kirchlichen Amtes

Wegen der Kürze der Zeit muß ich hier von einigen fixen dogmatischen Daten ausgehen, ohne diese selbst noch einmal begründen und einsichtig machen zu können.[2]

Nach katholischem Amtsverständnis, das aber auch von den orthodoxen und den meisten lutherischen Kirchen geteilt wird[3], steht das kirchliche Amt in einem doppelten Beziehungsgefüge. Es ist *erstens* auf Grund von besonderer Sendung und Weihe dazu bestellt, das Werk Christi sakramental zu vergegenwärtigen. So handelt es - wie die Tradition sagt -

---

in: *Concilium* 16 (1980) 468-472; R. Gryson: Les élections ecclésiastiques au IIIe siècle, in: *Revue d'histoire ecclésiastique* 68 (1973) 353-404; C. J. v. Hefele: Die Bischofswahlen in den ersten christlichen Jahrhunderten, in: *Beiträge zur Kirchengeschichte, Archäologie und Liturgik I,* Tübingen 1864, 140-144; E. Kilmartin: Das Bischofswahlrecht der Laien, in: *Concilium* 16 (1980) 489-492; B. Kötting: Bischofswahl in alter Zeit. Augustins Sorge und Bemühen um seinen Nachfolger im Bischofsamt, sowie: Bischofsamt und Bischofswahl, in: ders., *Ecclesia peregrinans. Gesammelte Aufsätze I,* Münster 1988, 405-408, 467-479; O. Rousseau: Die Lehre vom Bischofsamt und ihr Wandel in der Kirche des Abendlandes, in: Y. Congar (Hg.), a.a.O., 303-334; K. Schatz: Bischofswahlen. Geschichtliches und Theologisches, in: *Stimmen der Zeit* 207 (1989) 291-307; W. Schimmelpfennig: Das Prinzip der »sanior pars« bei Bischofswahlen im Mittelalter, in: *Concilium* 16 (1980) 473-477; P. Stockmeier: Gemeinde und Bischofsamt in der alten Kirche, in: *Theologische Quartalschrift* 149 (1969) 133-146; ders.: Die Wahl des Bischofs durch Klerus und Volk in der frühen Kirche, in: *Concilium* 16 (1980) 463-467.

Die eher theologiegeschichtliche und dogmatische Literatur wird bei den entsprechenden Abschnitten dieses Beitrags in den Anmerkungen genannt.

2 Das Folgende ist gründlicher ausgeführt und belegt in G. Greshake: *Priestersein. Zur Theologie und Spiritualität des priesterlichen Amtes,* Freiburg-Basel-Wien ^{4}1982, bes. 31-106; ders.: Vom Heilsdienst des Priesters. Grundzüge einer Theologie des kirchlichen Amtes, in: G. Greshake: *Gottes Heil - Glück des Menschen. Theologische Perspektiven,* Freiburg-Basel-Wien 1983, 285-322. In beiden Veröffentlichungen finden sich weitere Literaturangaben.

3 Siehe dazu auch den Beitrag von Harding Meyer in diesem Band.

»in persona Christi«, d. h. es repräsentiert den anderen Getauften gegenüber Christus als den Herrn der Kirche. Im Amt setzt sich gewissermaßen das kirchenstiftende Wirken Christi im Wort und wirksamen Zeichen fort. Gerade weil der Amtsträger auf Grund von Weihe zum Amt bestellt wird, ist garantiert, daß im amtlich-sakramentalen Tun nicht ein Mensch *an die Stelle* Christi tritt, sondern daß Christus *selbst* durch den Geweihten sein kirchenstiftendes Handeln fortführt. Die Weihe weist von der Person des Amtsträgers weg auf den ihn Weihenden, auf Christus selbst, hin. An Knotenpunkten des kirchlichen Lebens steht ein Pfarrer Müller oder Bischof Schmidt nun einmal nicht, weil er besonders gut ist oder weil die Gemeinde ihm besondere Kompetenz zugewiesen hat, sondern weil er von Christus in Dienst genommen und von ihm durch Weihe legitimiert ist. Das also ist die eine, die christologische Linie des Beziehungsgefüges, in dem das Amt steht.

Würde Amt *nur* so - von seiner Sendung durch Christus her - begriffen, stünden die Amtsträger als eine Art separater Größe den übrigen Christen gegenüber. Dies aber hieße, die pneumatische Struktur von Kirche und Amt übersehen. Im Blick auf das Wirken des Geistes nämlich steht das Amt *zweitens* mitten im Lebensgefüge der Glaubenden als deren amtliches Organ. So bezeugt es den Glauben der *Kirche*, stellt es den priesterlichen Charakter des *ganzen* Gottesvolkes dar und vergegenwärtigt es die geistgewirkte Einheit untereinander und mit Christus. So gesehen, handelt der Amtsträger »in persona ecclesiae«, er »repräsentiert« die Kirche, d. h. er faßt sie vor Gott und der Welt zusammen.

Wenn man abgekürzt und formal sprechen will, kann man sagen: »In persona Christi« stellt der Amtsträger im bevollmächtigten Wort und sakramentalen Zeichen Christus als das Haupt der Kirche dar, »in persona ecclesiae« dagegen repräsentiert er den vom Hl. Geist erfüllten Leib Christi. Dieser Doppelaspekt des Amtes entspricht nicht nur frühester Vätertheologie, er wird auch bis in die neuesten ökumenischen Gespräche hinein als wesentlich hervorgehoben. In diesem interkonfessionellen Dialog ist in vielfachen Variationen immer neu davon die Rede, daß das Amt der Gemeinde sowohl *gegenüber*-steht, insofern es das kirchenstiftende Wirken Christi vergegenwärtigt, als auch, daß es *in* der Gemeinde steht als deren integrative und integrierende Mitte.[4]

Mit dieser äußerst knappen Grundlegung einer Amtstheologie haben wir nun sozusagen den Verstehensschlüssel in der Hand, um ein erstes und fundamentales Element der altkirchlichen Bischofsbestellung zu verstehen: Von alters her gibt es und darf es keine Weihe geben ohne eine Form der Mitwirkung und ohne Zustimmung der Gläubigen, für die ein Amtsträger ordiniert wird. Zwar sind nicht sie es, die gleichsam durch Übertragung von Kompetenz jemanden aus ihren Reihen zum Amtsträger konstituieren; der Amtsträger wird geweiht durch Amtsträger, d. h. durch solche, die in der christologischen Sendungslinie stehen und die als solche das Gegenüber Christi zur Gemeinde sakramental vergegenwärtigen. *Aber* es galt von jeher als undenkbar, daß jemand »in persona ecclesiae« handeln, also die Kirche »repräsentieren« kann ohne deren Zustimmung. Nur dann, wenn die Gemeinschaft sich wirklich im Amtsträger integriert und vertreten weiß, kann dieser tatsächlich seine Funktion der »repraesentatio ecclesiae« ausüben.

Aber auch insofern der Amtsträger durch Weihe in die besondere christologische Sendungslinie eingefügt wird, also »repraesentatio Christi« ist, bedarf er der Zustimmung der übrigen Gläubigen. Denn woher soll der Amtskandidat selbst, woher sollen die ihn weihenden Bischöfe wissen, daß er zur besonderen Sendung berufen ist, wenn nicht die Gemeinde, in

---

4 Vgl. z. B. Das geistliche Amt in der Kirche, in: *Dokumente wachsender Übereinstimmung*, hg. von H. Meyer u.a., Paderborn-Frankfurt 1983, 337 (mit ausdrücklichem Verweis auf den sog. »Malta-Bericht« von 1968). Ferner: Taufe, Eucharistie und Amt (»Lima-Dokument«), in: ebd., 570. An neuerer Sekundärliteratur sei genannt: *Evangelium - Sakramente - Amt und die Einheit der Kirche*, hg. von K. Lehmann und E. Schlink, Freiburg-Göttingen 1982, darin die Beiträge von W. Kasper (bes. 124), P. Brunner (bes. 126, 129) und die Gemeinsame Erklärung des Arbeitskreises (bes. 188); K. Lehmann, Das geistliche Amt im ökumenischen Gespräch, in: *Lebendige Seelsorge* 33 (1982) 158-164.

der der Hl. Geist am Werk ist, dies erfährt und prüft und kraft dessen zum Ausdruck bringt: Jawohl, wir erkennen in diesem Kandidaten Zeichen für eine besondere Indienstnahme durch Christus. Die Gemeinde bezeugt also durch Zustimmung, gegebenenfalls sogar durch zustimmende Wahl die geistliche Qualifikation eines Kandidaten.

So gesehen aber hat die Mitwirkung der Gemeinde bei der Amtsbestellung - dies sei deutlich hervorgehoben - zunächst nichts zu tun mit demokratischen Mehrheitsabstimmungen im neuzeitlichen Verständnis. Das ist mit Nachdruck sowohl gegen »links« wie gegen »rechts« zu sagen. Zunächst einmal gegen jene Stimmen von »rechts«, die alle Mitwirkung des Volkes ablehnen mit leichtfertigen Worten wie: »Schließlich ist die Kirche keine Demokratie!«; aber es ist auch gegen Stimmen von »links« zu sagen, welche fordern: »Die Kirche soll sich der demokratischen Gesellschaft angleichen!«

Mit neuzeitlicher Demokratie, also mit der Verteilung von Macht (*kratos*), die vom Volk (*dêmos*) ausgeht, hat das alles sehr wenig zu tun, vielmehr mit Pneumatologie: Die Gemeinde hat als Communio des Hl. Geistes die Kompetenz, die »Geister zu unterscheiden« und so zur Weihe eines Geistbegabten ihre Zustimmung zu geben. In der Gemeinde ist kein anderer Geist wirksam als der, welcher durch die Handauflegung des Bischofs einen Christen mit dem kirchlichen Amt beauftragt. Darum muß zwischen beiden handelnden »Subjekten«, zwischen Gemeinde und weihendem Bischof, Einvernehmen hergestellt werden. Und überdies hat - wie schon ausgeführt - die Gemeinde auch insofern ihr Wort mitzusprechen, als das Amt ja sie selbst integrieren und repräsentieren soll. Somit ist die Mitwirkung des Volkes bei der Ernennung eines neuen Bischofs ein pneumatisches, ein Geist-Geschehen und als solches absolut erforderlich.

Deshalb war auch immer klar, daß man sich bei der »Wahl« bzw. beim zustimmenden Akt des Volkes nicht, wie bei heutigen demokratischen Abstimmungen, mit womöglich hauchdünnen Stimmenmehrheiten über Minderheiten hinwegsetzen darf nach dem Motto: Stimmenmehrheit ist Stimmenmehrheit!

Vielmehr erstrebte man ein *einmütiges* Urteil, »unanimitas« - wie es heißt. Wo »unanimitas« gegeben war, dort und nur dort wußte man den Geist am Werk. Es war hierbei ähnlich wie auf Konzilien, wo ja auch nicht abgestimmt wird mit dem Ziel, *irgendeine* Stimmenmehrheit, sondern Einmütigkeit zu erreichen. (Dabei ist nirgendwo festgelegt, wo die »moralische« Einmütigkeit anfängt und aufhört!) Das Ideal eines Konzils ist jedenfalls das »consentire in unum«. Dies ist Zeichen des Hl. Geistes. Zwar läßt »Einmütigkeit« durchaus abweichende Stimmen zu, aber es dürfen nicht allzuviele sein. Deswegen hat man z. B. auf dem II. Vatikanum oft wochenlang darum gerungen, einen Text so konsensfähig zu machen, daß der größere Teil einer zunächst widersprechenden Minderheit doch noch zustimmen konnte. In diesem Sinn also hat es - soweit wir dies zurückverfolgen können - von Anfang an in der Kirche bei der Bestellung der Amtsträger eine Mitwirkung des Volkes Gottes gegeben, und zwar eine Mitwirkung, die als konstitutiv, als absolut wesentlich und notwendig angesehen wurde:

Einige Beispiele: Schon in der frühkirchlichen Didache findet sich die Anweisung: »Wählt euch Bischöfe und Diakone, würdig dem Herrn, Männer voller Milde und frei von Geldgier« (15,1). In dem um 95 geschriebenen ersten Klemensbrief heißt es, daß die Amtsträger der Gemeinde von den Aposteln oder angesehenen Männern »unter Zustimmung der ganzen Gemeinde« eingesetzt wurden (44,3). Diese Formulierungen weisen übrigens auf Apg 6,3 zurück, wo die Wahl der Diakone mit der Aufforderung der Apostel eingeleitet wird: »Brüder, wählt *ihr* aus eurer Mitte sieben Männer von gutem Ruf und voll Geist und Weisheit; *wir* werden ihnen diese Aufgabe übertragen.«

In der Traditio Apostolica um 215 lautet die Anordnung: »Zum Bischof soll geweiht werden, wer vom gesamten Volk erwählt ist. Ist er ernannt und hat er die Zustimmung aller«, sollen ihm am darauffolgenden Sonntag die anwesenden Bischöfe »unter Zustimmung aller« die Hände auflegen (Nr. 2). Schließlich bezeugen die sog. »Apostolischen Konstitutionen«, die größte Sammlung kirchenrechtlicher Normen des Altertums, daß »als Bischof ein Mann geweiht wird, der in allen Stücken tadellos und vom ganzen Volk gewählt ist« (VIII, 4,2). Fehlte solche formelle Zustimmung der Gemeinde, wurden gelegentlich Bischofswahlen als ungültig erklärt.[5]

Diese Linie geht in der ganzen Frühen Kirche weiter. Ausdrücklich mahnt noch im Jahre 428 Papst Coelestin I. - übrigens der gleiche Papst, der sich gegen eine besondere Kleriker-Kleidung aussprach -: »Man soll keinen Bischof gegen den Willen des Volkes einsetzen.«[6] Diese Überzeugung, daß im Geschehen der Amtsbestellung das Mitwirken des Volkes Gottes erforderlich ist, geht schließlich in das Decretum Gratiani (um 1140) ein, wo es heißt: »Die Zustimmung ist Sache des Volkes« (D 62) und: »Es ist klar, daß von der Wahl die Laien nicht ausgeschlossen werden dürfen ...« (D 63).

Bleiben wir zunächst aber im kirchlichen Altertum. Die konkrete Weise der Mitwirkung des Volkes bei der Bischofsbestellung war im allgemeinen wohl nicht die letztentscheidende *Wahl*. Diese dürfte meist in den Händen der Nachbarbischöfe gelegen haben (darüber später). Vielmehr ging es um die einmütige *Zustimmung* zu diesem oder jenem Kandidaten. Dabei spielte schon früh das Urteil der Presbyter eine besondere Rolle. Sie bildeten ja das Kollegium des künftigen Bischofs und waren seine unmittelbaren Mitarbeiter. Mindestens seit dem dritten Jahrhundert lag darum die Führung und Initiative bei der Wahl im allgemeinen bei ihnen. Jedenfalls wird in den uns überkommenen Texten ihre herausragende Rolle oft hervorgehoben. Ein Beispiel: In einem Brief Cyprians über die Wahl des Papstes Cornelius (251-253) heißt es: »Cornelius wurde zum Bischof erhoben aufgrund des Urteils Gottes und seines Gesalbten, aufgrund des Zeugnisses (testimonio) fast aller Kleriker, aufgrund der Abstimmung (suffragio) des damals anwesenden Volkes und

---

5 Siehe dazu B. Kötting: Bischofsamt und Bischofswahl, in: ders., *Ecclesia peregrinans. Gesammelte Aufsätze I*, Münster 1988, 472.

6 »Nullus invitis detur episcopus«. Schreiben des römischen Bischofs Coelestin I. an die südgallischen Bischöfe: PL 56, 579 C.

der kollegialen Mitwirkung (collegio) altbewährter Priester und aufrechter Männer ...«[7]

Bei dieser somit sehr differenzierten Mitwirkung ging es - wie schon angeführt - um ein pneumatisches, ein geistbezeugendes Geschehen, das letztlich darauf abzielte, fähige, würdige, geistbegabte Hirten zu erhalten, die sich ganz in den Dienst Christi und der Gemeinde stellten. Deshalb wird z. B. bei Cyprian die Bestellung vor der ganzen mitwirkenden Gemeinde mit dem Hinweis begründet, daß das Volk »das Leben des einzelnen vollständig kennt und den Charakter eines jeden im Umgang mit ihm durchschaut hat«.[8] Diese Begründung weist uns auf einen wichtigen Umstand hin, daß nämlich die christliche Gemeinde zu dieser Zeit praktisch mit der antiken Stadtgemeinde (=polis) zusammenfällt, in welcher der einzelne in einem enggeknüpften, vielfältigen Beziehungsnetz eingebunden war und gewissermaßen unter Sozialkontrolle stand, so daß alle wirklich über seinen Charakter informiert waren. So konnte die Gemeinde über die Würdigkeit und Fähigkeit eines Amtskandidaten urteilen.

Hervorzuheben ist in diesem Zusammenhang ein weiterer Punkt: Man war ausgesprochen skeptisch gegenüber Kandidaten, die sich allzu beflissen für das kirchliche Amt interessierten und es womöglich aus egoistischen Gründen zu erlangen suchten. »So wie Strebern die Rolle eines Führungsamtes zu verweigern ist, so ist sie denen zu übertragen, die vor ihr zurückschrecken«, sagt Gregor d. Gr.[9] Es galt geradezu als

---

7 Ep. 55,8 (= CSEL 3,2,629). - P. Stockmeier: Die Wahl des Bischofs durch Klerus und Volk in der frühen Kirche, in: *Concilium* 16 (1980) 465, weist darauf hin, daß der Ausdruck »suffragium«, mit dem die aktive Teilnahme des Volkes bei der Wahl bezeichnet wird, der gleiche Terminus ist, welcher die Abstimmung der Bürger in den Komitien zum Ausdruck bringt, der Ausdruck »testimonium« dagegen wohl in Anlehnung an das außergerichtliche Zeugnis der römischen Prozeßordnung verwendet wird. »Da der gesamte Abschnitt auf die Rechtmäßigkeit der Erhebung des Cornelius abhebt, darf man in der Erwähnung des iudicium Dei, des testimonium der Kleriker, des suffragium des Volkes und der Unterstützung durch altbewährte Priester jene Elemente einer korrekten Bestellung erblikken, die als maßgeblich galten.«

8 Ep. 67,5 (= CSEL 3,2,739).

9 Ep. In scriptis vestris, zit. nach Y. Congar: Ordinations invitus coactus de l'Eglise Antique au Canon 214, in: *Revue des sciences philosophiques et*

Zeichen des Hl. Geistes, daß man von der Gemeinde zur Weihe mehr oder weniger moralisch gezwungen wurde. »Man sah in dieser Art des 'Zwanges' selbst ein Zeichen des Willens Gottes.«[10] Deshalb präsentierte man auch Männer zur Ordination, die eigentlich die Verantwortung für das Heil anderer nicht übernehmen wollten und die nur unter dem Druck der Gemeinde, und das heißt letztlich und endlich unter dem Druck des in ihr wirkenden Geistes nachgaben und eben deshalb für das Amt in Frage kamen. Am Beispiel Augustinus sehen wir[11], wie junge Männer Gemeinden, in denen eine Neubesetzung anstand, mieden, um nicht von den Mitchristen in Beschlag genommen zu werden.

Gerade in dieser Praxis, daß in den ersten Jahrhunderten die Gemeinde nicht nur zustimmen mußte, sondern gelegentlich sogar massiven Druck auf geeignete Kandidaten ausübte, wird deutlich, wie sehr sie in den Prozeß der Bestellung von Amtsträgern hineingenommen war.[12]

Wie ging nun die Entwicklung weiter?

Ganz generell muß man wohl sagen, daß die Kirche mit der zustimmenden Wahl durch das Volk zwiespältige Erfahrungen machte. Man wurde mit der Zeit skeptisch, ob sich in der unanimitas der Wahl in jedem Fall der Hl. Geist äußerte. Schon Origenes bemerkt, daß das Volk oft »seine Gunst beeinflußt von lärmender Propaganda oder auch vom Geld gibt«.[13] Es zeigte sich, daß die Tatsache einer Wahl nicht schon die Bestellung des wirklich Fähigsten und Würdigsten garantierte.[14]

---

théologiques 50 (1966) 180. - Dieses Wort Gregors ist auch in das Decretum Gratiani eingegangen.

10 Y. Congar, a.a.O. 168.

11 Vgl. ebd. 173.

12 Zusammenfassend bemerkt dazu Y. Congar, a.a.O. 194: »Worin besteht also eine Berufung zum Priester? Es ist der durch den Hl. Geist beseelte Leib der Kirche, der eines seiner Glieder zur Amtsausübung geeignet macht.«

13 In Num. hom. 22,4 (= Baehrend II, 208).

14 So schreibt z. B. Augustinus: »Ich weiß, daß nach dem Tod der Bischöfe die Gemeinden durch ehrgeizige und streitsüchtige Bewerber oft in Unruhe geraten.« Dies war auch der Grund, daß er selbst bezüglich seiner eigenen Nachfolge anfügt: »Weil ich das weiß, so will ich, soweit es an mir liegt, dafür Sorge tragen, daß es in dieser Stadt einen solchen Aufruhr nicht gibt« (ep. 213=CSEL 57,732). Die deutsche Übersetzung wurde zitiert nach B. Kötting: Bischofswahl in alter

Wir wissen z. B. von Wahlen römischer Bischöfe, bei denen zumal der Adel auf die Wahl des Volkes durch Bestechung und Erpressung gelegentlich massiv Einfluß nahm.

Ein Weiteres kam hinzu: Als Konsequenz des soziologischen Umfeldes, in dem man lebte, ergab sich ganz von selbst, daß die Zustimmung des Volkes gleichsam »hierarchisiert« war. In der polis gaben Honoratioren den Ton an, und entsprechend wird es in den Gemeinden gewesen sein. So unterscheidet Leo d. Gr. in einem Brief an die südgallischen Bischöfe (445) bei einer Wahl »das Votum der Bürger, das Zeugnis des Volkes, die Meinung der führenden Persönlichkeiten (honoratorum arbitrium) und die Wahl durch die Kleriker«.[15] Und er fügt an: »Wer allen vorzustehen hat, soll von allen gewählt werden.« Solche und ähnliche Texte weisen auf eine differenzierte Mitwirkung des Volkes hin. Diese Differenzierung wird nach der sog. Konstantinischen Wende zugunsten der Honoratioren und der Mächtigen noch erheblich verstärkt. Denn schließlich erhielt das Bischofsamt nun auch ein enormes politisches Gewicht und kam so zwangsläufig in politische Interessenkonflikte. Man konnte nicht mehr dem breiten Volk allein oder primär überlassen, wer Amtsträger wurde.

Erst recht wurde der Anteil des Volkes im germanischen Bereich zurückgedrängt. Hier wurde der König, Herzog oder Notable vor allem als rechtlicher Besitzer von Grund und Boden betrachtet, und entsprechend war er der Alleinbestimmende für das, was auf seinem Grund auch in kirchlichen Angelegenheiten geschah. Deshalb übernahm der Potentat ganz selbstverständlich die Einsetzung der Bischöfe, die nicht selten - etwa im Merowingerreich - durch brutale politische Gewalt erzwungen wurde. Interessanterweise waren es hier die Päpste, die dagegen das Recht des Volkes zur Mitwirkung einschärften. Die Regel Coelestins I. »Nullus invitis detur episcopus« - man soll keinen Bischof gegen den Willen des Volkes einsetzen - wurde von verschiedenen Nationalsynoden auf-

---

Zeit. Augustins Sorge um seinen Nachfolger im Bischofsamt, in: *Ecclesia peregrinans I*, 405.

15 Ep. 10,4 (=PL 54, 632 B). Siehe auch 10,6 (=ebd. 634A).

gegriffen und neu eingeschärft[16] - letztlich freilich ohne großen Erfolg. Wo noch eine Wahl stattfand, vor allem in den alten, auf römische Gründungen zurückgehenden Städten, hatte diese eher den Charakter einer petitio an den politischen Machthaber, der seinerseits die Vollmacht zur letzten Entscheidung an sich gerissen hatte. Zu Recht bemerkt dazu Klaus Schatz: Der »Verfall des antiken Bischofswahlrechtes kann nicht unabhängig vom soziologischen Wandel der Gesellschaft verstanden werden. Es war im Grunde ein Aspekt des Verfalls der antiken Stadtkultur und des Übergangs zu einer agrarischen, von der Grundherrschaft her bestimmten Gesellschaft«. Schatz fügt im Blick auf die wachsende Kompetenz des Königs hinzu: »Dabei brauchte königliche Ernennung der Bischöfe keineswegs das Schlechteste zu sein. Gegenüber der damals realen Alternative, nämlich der Besetzung der Bischofssitze durch den regionalen Adel, war es meist die bessere Lösung. Bei Einsetzung durch die Krone bestand noch am ehesten die Chance, daß nach objektiven Kriterien im Sinne des überlieferten kirchlichen Bischofsideals verfahren wurde« und Simonie und Nepotismus ausgeschlossen blieben.[17]

In diesem sich allmählich immer mehr durchsetzenden »Rollentausch«, wonach nicht mehr kirchliche und geistliche Kompetenz, sondern die politische Macht der entscheidende Faktor für Bischofsbestellungen wurde, gründet ein zentrales Element der sog. Gregorianischen Reform und des Investiturstreits, insofern hier unter der Führung des Papstes die Bischofsbestellungen wieder als geistliches Geschehen reklamiert und der politische Einfluß zurückgedrängt wurde. Es ging im

---

16 So z. B. von der 5. Nationalsynode von Orléans (549), Can. 10-12, und der Synode von Paris (557). Siehe dazu B. Kötting: Bischofsamt und Bischofswahl, a.a.O. 473.

17 K. Schatz: Bischofswahlen - Geschichtliches und Theologisches, in: *Stimmen der Zeit* 114 (1989) 296. - Allerdings darf nicht übersehen werden, daß im Zusammenhang der Lehnsordnung auch da, wo die letzte Entscheidung beim Feudalherrn lag, doch eine Beratung mit dem Vasallen bzw. den Gläubigen üblich war, weil deren Zustimmung erwünscht wurde. Siehe dazu Y. Congar: Quod omnes tangit, ab omnibus tractari et approbari debet, in: *Revue historique de droit français et étranger*, ser. 4, 36 (1958) 221f.

Investiturstreit nicht einfach darum, anstelle der kaiserlichen und fürstlichen Macht die päpstliche zu setzen, sondern das Streben richtete sich darauf, die »Freiheit der Kirche« und die Würde des Bischofsamtes wiederherzustellen. Als Ergebnis dieser Auseinandersetzung wurde schließlich und endlich das Laienelement aus dem Innenraum der Bestellung eines Bischofs ausgeschlossen und das laikale Mitwirken nur noch entweder als petitio oder als nachträgliche Zustimmung zu einer schon getroffenen Entscheidung verstanden. Um dies aber richtig einzuschätzen, darf man nicht übersehen, daß der in dieser Zeit verwendete Begriff des Laien nicht sehr klar ist. Er oszilliert zwischen dem eines einfachen, »nur« getauften Mitglieds der Kirche und dem des politischen Machtträgers. Das bedeutet aber: der Ausschluß der Laien richtete sich nicht eigentlich gegen das, was wir heute unter Laie (= Glied des Volkes Gottes) verstehen, sondern gegen jene Laienmacht, welche Antipode der geistlichen Macht war; und das waren die Herrschenden: Kaiser, König, Adel. Es geht also hier vorrangig um die laikale Herrschermcht. Das, was wir heute im vollen theologischen Sinn Laie (= Glied des Volkes Gottes) nennen, hatte sich im Mittelalter infolge von Unwissenheit, Unfähigkeit und politischer Abhängigkeit als konstitutives Subjekt längst aus dem Wahlgeschehen verabschiedet.

Wer war aber, nachdem als Folge des Investiturstreits das laikale politische Element zurückgedrängt war, jetzt der bestimmende Faktor bei den Bischofsernennungen?

Diese Frage soll zunächst so im Raum stehenbleiben, da zuvor ein anderer Faden gesponnen werden muß, den wir bisher unbeachtet gelassen haben. Es geht um den Einfluß anderer Bischöfe auf die Wahl eines neuen Bischofs. Hier ist nun das zweite Element des Themas zu behandeln.

II. Bischofsbestellungen im Lichte einer Communio-Ekklesiologie

Auch hier muß man, um die folgenden geschichtlichen Fakten verstehen zu können, sich zunächst kurz einige ekklesiologische Prinzipien vergegenwärtigen, und zwar die Fundamente der sog. Communio-Ekklesiologie, die im ganzen ersten Jahrtausend Geltung hatte und die dann erst wieder auf dem 2. Vatikanischen Konzil - halbherzig zwar, aber immerhin - zu neuem Leben erweckt wurde.[18]

Das Kirchenverständnis der sog. Communio-Ekklesiologie setzt dezidiert bei der Ortskirche an. So heißt es in *Lumen Gentium* ganz auf der Linie der altkirchlichen Tradition: »Die Kirche Christi ist wahrhaft in allen rechtmäßigen Ortsgemeinden der Gläubigen anwesend, die im Neuen Testament selbst Kirchen heißen. Sie sind nämlich je an ihrem Ort im Hl. Geist ... das von Gott berufene neue Volk« (Nr. 26). Und das Konzil erläutert: Da Gott sein Volk durch die Verkündigung des Wortes und die Feier der Eucharistie zusammenruft, beides aber je am Ort der Gemeindeversammlung geschieht, ist Kirche im ersten Ansatz auch Ortskirche. Die Ortskirchen sind also nicht Teile der Universalkirche und erst recht nicht »Verwaltungsstellen eines großen Apparates, sondern die lebendigen Zellen, in deren jeder das ganze Lebensgeheimnis des einen Leibes der Kirche anwesend ist, so daß jede mit Recht schlicht 'Ecclesia' heißen darf.«[19] Unter *einer* Bedingung freilich: Die einzelne Ortskirche darf sich nicht in sich abschließen, sondern muß in Communio mit den übrigen Kir-

---

[18] Der Einfachheit halber sei als Beleg für die folgende kurze Skizze und zugleich als Hinweis, wo ausführliche Entfaltungen sowie weitere Literaturangaben zu finden sind, auf drei Veröffentlichungen von mir verwiesen: Die Stellung des Protos in der Sicht der römisch-katholischen dogmatischen Theologie, in: *Kanon* 9 (1989) 17-50; »Papstkirche« oder »Communio Ecclesiarum«? Zur Notwendigkeit regionaler kirchlicher Strukturen, in: *Ökumenisches Forum* 11 (1988) 115-128; »Zwischeninstanzen« zwischen Papst und Ortsbischöfen. Notwendige Voraussetzungen für die Verwirklichung der Kirche als »communio ecclesiarum«, in: H. Müller/H. J. Pottmeyer: *Die Bischofskonferenz*, Düsseldorf 1989, 88-115.

[19] J. Ratzinger, *Das neue Volk Gottes*, Düsseldorf 1969, 205.

chen Gottes stehen, in denen und zu denen Gott überall sein Volk zusammenruft. In diesem Zusammenhang sagt - wiederum im Zuge der altkirchlichen Tradition - das 2. Vatikanische Konzil über die Ortskirchen: »In ihnen und aus ihnen besteht die eine und einzige katholische Kirche« (LG 23). Beide Bestimmungen - das »in ihnen« und das »aus ihnen« - sind wichtig, weil damit die Wechselseitigkeit der Beziehungen, sozusagen die reziproke ontologische Priorität beider Größen, der Ortskirche und der Universalkirche, angegeben ist. Würde man das »aus ihnen« streichen, bestünde die Gesamtkirche aus separaten Teilkirchen; würde man das »in ihnen« streichen, verkäme die Ortskirche zur bloßen Verwaltungseinheit der Gesamtkirche.[20] So aber ist Ortskirche wirklich Kirche, sofern sie in Communio mit den übrigen Ortskirchen steht. Das heißt: Die eine Kirche Gottes verwirklicht sich konkret in der Vielfalt von Ortskirchen, die in einem dicht geflochtenen Beziehungsnetz miteinander verbunden sind. Deswegen ist die Kirche kein zentralistisch gelenktes einförmiges Gebilde, sondern eine Einheit in und aus Vielheit. Sie ist ihrer Struktur nach - wie das Konzil sagt - ein »corpus Ecclesiarum« (LG 23), eine Communio Ecclesiarum.

Angel- und Knotenpunkt dieser Communio Ecclesiarum ist der Bischof. Er ist zunächst einmal, wie wir das bereits generell vom kirchlichen Amt ausgeführt haben, als »repraesentatio Christi et ecclesiae« die integrierende Mitte seiner Ortskirche, die urspünglich mit der Stadtgemeinde zusammenfällt, im Laufe der weiteren geschichtlichen Entwicklung jedoch eine Vielzahl von benachbarten Gemeinden einbegreift. Sein einheitsstiftendes Amt besitzt der Bischof aber nur in der Weise, daß er durch die Weihe eo ipso in das collegium episcoporum aufgenommen wird. Hier, im weltweiten Bischofskollegium, vertritt er die spezifische Eigengestalt und Eigenart seiner Ortskirche, die durch den sie repräsentierenden Bischof in Communio mit den übrigen Ortskirchen steht. Das heißt: Der Bischof ist gleichsam der Angelpunkt zwischen Ortskirche

---

[20] Vgl. dazu K. Mörsdorf: Die Autonomie der Ortskirche, in: *Archiv für katholisches Kirchenrecht* 138 (1969) 393.

und Universalkirche. Er, der in seiner Ortskirche das Prinzip der Einheit ist, stellt im collegium episcoporum das Prinzip der Vielheit dar. So stehen in ihrem kollegialen Miteinander die jeweils ihre Kirche repräsentierenden Bischöfe für die communiale Einheit der Kirche sowie für die Fülle und Vielfalt der Katholischen.

Von hier aus wird auch die - freilich erst sehr viel später reflektierte - spezifische Stellung und Aufgabe des Petrusamtes verständlich. Während die einzelnen Bischöfe im Kollegium die Vielfalt ihrer Ortskirchen darstellen, ist der Papst - als Bischof von Rom ein Mitglied des Kollegiums und als Nachfolger des Petrus zugleich dessen Haupt - als ebendieses Haupt Zeichen und Instrument der Einheit des collegium episcoporum und damit der Einheit der Gesamtkiche. Der Papst besitzt also seine besondere primatiale Stellung und Vollmacht *als* Haupt des Bischofskollegiums, als wirksames Organ seiner Einheit.[21] So ist das Papstamt Dienst am Miteinander der vielen Ortskirchen, an der weltweiten Communio ecclesiarum, welche Einheit in und aus Vielheit besagt.

Von diesen Prinzipien der Communio-Ekklesiologie her wird die Art und Weise verständlich, wie sich das kirchliche Leben im ersten Jahrtausend als ein communiales Zusammenspiel einzelner Bischöfe und ihrer Kirchen verwirklichte, und zwar in Fragen des Glaubens, der Liturgie, der Diakonie, der Disziplin und - nicht zuletzt - der Ernennung und Weihe von Bischöfen. Weil das Bischofsamt sich nicht allein auf die je eigene Ortskirche bezieht, sondern zugleich eine universalkirchliche Aufgabe hat, genauer noch: weil das Bischofsamt die Brücke zwischen Orts- und Universalkirche = communio ecclesiarum darstellt, darum haben bei der Bischofsbestellung immer - soweit wir das zurückverfolgen können - die Nach-

---

[21] *Als* Haupt des Bischofskollegiums übt er auch seinen »Jurisdiktionsprimat« über die Gesamtkirche aus, wie T. I. Jiménez-Urresti: L'autorité du Pontife Romain sur le Collège épiscopale et, par son intermédiarire, sur l'église universelle, in: Y. Congar (Hg.): *La collégialité épiscopale*, Paris 1965, 223-281, eingehend gezeigt hat. Siehe dazu auch A. Acerbi: *Due ecclesiologie. Ecclesiologia giuridica ed ecclesiologia di comunione nella »Lumen gentium«*, Bologna 1975, 207f., 284ff.

barbischöfe als Vertreter des collegium episcoporum, in das der zu Weihende aufgenommen wird, eine konstitutive Rolle gespielt. Wir treffen hier also auf einen Faktor bei der Bischofsbestellung, den wir bisher ausgeklammert haben, der aber neben der Zustimmung des Volkes (und der besonderen Rolle des Klerus darin) von ganz wesenhafter Bedeutung war.

Im einzelnen hat dabei die Rolle der mitwirkenden Bischöfe sehr unterschiedlich ausgesehen. Entweder fertigten die Nachbarbischöfe eine Vorschlagsliste an, aus der die Gemeinde einen Kandidaten auswählte, oder sie schlugen selbst jemanden vor, dem die Gemeinde zuzustimmen hatte, oder sie gaben einem Vorschlag von Seiten des Klerus, dem das Volk bereits die Zustimmung erteilt hatte, ihr letztes und entscheidendes Placet.[22] Bei dieser endgültigen Entscheidung der Nachbarbischöfe ging es nicht nur darum, das ortskirchliche Geschehen zu »überwachen« und den Kandidaten zu ordinieren, d. h. ihn durch Weihe in die christologische Sendungslinie einzubeziehen, sondern es galt auch, das letzte Wort über die Aufnahme des Betreffenden in das collegium episcoporum zu sagen. Auf dieser Linie dekretiert bereits das Konzil von Nizäa (325) in Can.4 (COD 6f), daß ein Bischof nie von einem einzigen Bischof eingesetzt werden soll, sondern nach Möglichkeit von allen Bischöfen derselben Provinz: wenn dies jedoch auf praktische Schwierigkeiten stoße, wenigstens von dreien (eine Bestimmung, die bis heute noch in der Liturgie der Bischofsweihe weiterwirkt).

So sehen wir also, daß die im ersten Teil behandelte Wahl des Bischofs durch die Ortskirche nur *ein* Element in dem hochkomplexen Prozeß der Bischsofsbestellung war. Bei ihr wirkten mit: die Ortskirche, darin führend der Klerus, bestimmte Honoratioren, später dann auch die politischen Mächte, *und* - wie wir jetzt gesehen haben - die Universalkir-

---

22 Cyprian differenziert - wie gezeigt wurde (Anm. 7) - die verschiedenen Funktionen folgendermaßen: Dem Ortsklerus kommt das Zeugnis über den Kandidaten (testimonium) zu und dem Volk die Abstimmung (suffragium), den Nachbarbischöfen aber kommt, wie es in ep.67,5 (=CSEL 3,2,739) heißt, das iudicium, die endgültige Entscheidung, zu.

che, vertreten durch die Nachbarbischöfe. Es sind verschiedene Elemente, »die zudem rechtlich niemals genau fixiert waren, vielmehr in einem delikaten Gleichgewicht« standen.[23]

Das communiale Vernetztsein der Ortskirchen, das sich im Prozeß der Bischofsbestellungen besonders deutlich zeigt, gewann schon früh eine geprägte Form. Die Communio der verschiedenen Ortskirchen hatte nämlich - und das ist entscheidend wichtig! - ihren Einheits-, Angel- und Orientierungspunkt in einer *regionalen Hauptkirche* mit ihrem Bischof (»Protos«). Das heißt: Die vielen Ortskirchen standen nicht alle auf einer Stufe, sondern es bildeten sich zentrale Kirchen heraus (Kirchen, die sich z. T. später als Obermetropolien, Patriarchalsitze o. dgl. konstituierten[24], an deren lebendiger Glaubenstradition, Liturgie und Kirchenverfassung die übrigen benachbarten Ortskirchen Maß nahmen und deren Leitungsfunktion sie akzeptierten. Solche Hauptkirchen spielten für die communio ecclesiarum eine entscheidende Rolle, insofern das für die Struktur der Kirche wesenhafte Ineinanderspiel von Einheit und Vielfalt in den ersten Jahrhunderten vornehmlich auf regionaler Ebene stattfand, orientiert an einer Hauptkirche und deren Primas. Anders gesagt: Die communio ecclesiarum vollzog sich ursprünglich als Communio innerhalb und zwischen spezifisch ausgeformten »Schwesterkirchen«

---

23 K. Schatz: Bischofswahlen, a.a.O. 291.

24 Der Vorrang von Metropolitansitzen erklärt sich dadurch, daß sich die Kirchenstruktur weitgehend, wenn auch nicht völlig, dem Verwaltungssystem des römischen Imperiums anglich. Insofern trifft die Behauptung von J. Ratzinger: *Zur Lage des Glaubens*, München 1985, 60, nicht zu: »Die nationale Ebene ist keine kirchliche Größe.« Im kirchlichen Altertum war sie dies z. T. sehr wohl! - Die Herausbildung von Patriarchalsitzen, die auch noch einmal die Metropolien einbegreifen, verdankt sich nicht einem einzigen Grund, sondern einer Vielzahl von Motiven und Faktoren, die darüber hinaus für die verschiedenen Primatialsitze noch je sehr unterschiedlich sind. Auch wurden nicht alle Hauptkirchen später unter die Patriarchalsitze eingereiht. So kann man vermuten, daß man Carthago den Rang eines Patriarchalsitzes zuerkannt hätte, wäre die afrikanische Kirche durch die Invasion der Germanen und später des Islam nicht zur Bedeutungslosigkeit veruteilt worden. Andere westliche Hauptkirchen entwickeln sich in einem geographischen und politischen Abseits außerhalb der überschaubaren kirchlichen Communio der abendländischen und morgenländischen Welt (Armenien, Persien, Indien ...).

(wie das Vatikanum II in *UR* 14 sagt) - Schwesterkirchen, die nicht einfach einzelne Ortskirchen waren, sondern Gemeinschaften von Ortskirchen, die als regionale Kircheneinheiten in Communio untereinander und miteinander traten. Der regionale Primas regelte synodal, d. h. zusammen mit den ihm anvertrauten Bischöfen, alle Fragen der liturgischen und kanonischen Gesetzgebung, auch - und damit sind wir beim Thema - die Einsetzung von neuen Bischöfen. Auf einer Regionalsynode in Antiochien (»in encaeniis« 341) wird ausdrücklich festgelegt, daß die Provinzialsynode über die Besetzung vakanter Sitze entscheidet (Ca. 19).[25] Auf der gleichen Linie heißt es auch bei Leo d. Gr.: »Auf keinen Fall können Bischöfe solche werden, die weder vom Klerus gewählt, noch vom Volk erwünscht, noch von den Nachbarbischöfen mit Zustimmung des Metropoliten geweiht wurden.«[26] Zumal wenn keine Einmütigkeit beim Klerus und Volk der Ortskirche zustandekam, oblag dem Metropoliten die letzte Entscheidung, wobei aber Leo d. Gr. unbedingt daran festhielt, »daß niemand gegen den Willen und das Verlangen (der Ortskirche) geweiht wird, damit die Stadt nicht einen ihr unerwünschten Bischof verachtet oder haßt und das religiöse Leben in ihr leidet, da sie den nicht als Bischof haben konnte, den sie wollte.«[27]

In diesem communialen Miteinander und Füreinander der Kirchen rund um eine Hauptkirche, die auch für die Bischofsbestellung eine entscheidende Rolle spielte, hatte schon früh die Kirche von Rom eine von niemandem *grundsätzlich* bestrittene und von niemandem sonst in Anspruch genommene spezifische Rolle. Doch bestand die Funktion des römischen Primats ursprünglich und für lange Zeit nicht darin, daß Rom normalerweise und ohne schweren Grund in das relativ autonome Beziehungsnetz einer regionalen Communio eingriff, und schon gar nicht in den Vorgang der Bestellung neuer

---

[25] FCCO I,9,245f. (dort auch weitere Texte der Alten Kirche). Eine andere Sammlung früher diesbezüglicher Texte in: *Key to the Saved Canon (rules) of the Eastern Orthodox Church*, P.C. Caranicolas, Athen 1970, 141f. (art. *eklogê*).

[26] Ep. 187 (= PL 54, 1203 A).

[27] Ep. 14 (= PL 54, 673 A).

Bischöfe. Rom erkannte vielmehr die Selbständigkeit regionaler Hauptkirchen an und intervenierte nur selten, vornehmlich in wichtigen Fragen des Glaubens und dort, wo es in Streitfällen als Appellationsinstanz angerufen wurde. Seine gesamtkirchliche Funktion, seinen petrinischen Primat realisierte Rom vor allem dadurch, »daß es als das entscheidende Zentrum der Communio vorhanden war«.[28] Communio mit der Kirche von Rom war ein wichtiges, ja das entscheidende Kriterium der rechtmäßigen »communio ecclesiarum«, und insofern war Rom das anerkannte Prinzip und Fundament kirchlicher Einheit. Aber noch einmal: Die communio ecclesiarum selbst verwirklichte sich primär weder direkt zwischen beliebigen einzelnen Ortskirchen, noch zwischen einzelnen Ortskirchen auf der einen und der römischen Primatskirche auf der anderen Seite, sondern sie vollzog sich auf der Ebene von regionalhauptkirchlichen Verbänden, also Metropolien, Patriarchaten o. dgl.

Dieses »System« kirchlicher Communio geriet aus verschiedenen Gründen in eine tiefgreifende Krise, deren Hauptgrund - Joseph Ratzinger bezeichnet ihn als »die Tragik des Ganzen«[29] - darin bestand: Die Kirche Roms war nicht nur das entscheidende Zentrum der gesamtkirchlichen Communio, sondern sie war (und ist) auch regionale Hauptkirche für eine große Zahl von westlichen Ortskirchen. Der Gang der Entwicklung verlief nun dahin, daß Rom nicht mehr zwischen seiner Aufgabe, letztes Fundament und Zentrum der gesamtkirchlichen Communio zu sein, und seiner *nur für den Westen* geltenden, also regional-hauptkirchlichen, »patriarchalen« Funktion zu unterscheiden wußte. Von zahlreichen historisch-situativen Gründen, auf die wir nicht eingehen können, motiviert, hat Rom sich zunächst die anderen, ursprünglich relativ selbständigen Hauptkirchen des Abendlandes in den eigenen hauptkirchlichen Bereich eingegliedert. Das führte dazu, daß es im Westen »zusehends keinen Plural von ecclesiae mehr gibt, sondern die Stadtgemeinde von Rom den ganzen lateinischen orbis in den

---

28 W. de Vries: *Rom und die Patriarchate des Ostens*, Freiburg 1963, 13.
29 *Das neue Volk Gottes*, 135.

kleinen Raum ihrer urbs einverleibt: Der ganze Westen ist gleichsam nur noch eine einzige Ortsgemeinde und beginnt immer mehr, die alte Struktur der Einheit in Vielfalt zu verlieren, so daß sie schließlich ganz unverständlich wird.«[30] Ihren Höhepunkt erreichte diese Entwicklung unter Papst Innozenz III., der im Grunde die Weltkirche als eine einzige Diözese verstand, deren eigentlich authentischer Bischof *er* sei, und der die übrigen Bischöfe nur als eine Art von »besseren Kaplänen« seiner Diözese ansah[31], eine Tendenz, die - wie ich meine - leider auch heute wieder zu beobachten ist. Was wir also geschichtlich beobachten müssen, ist das Nachlassen, ja Schwinden des Bewußtseins von Kirche als communio ecclesiarum und stattdessen der Vollzug von Kirche als straff in Rom zentralisierter Körperschaft unter der plenipotestas des Papstes, der mehr und mehr auch auf die Bestellung von Bischöfen massiven Einfluß nimmt, während das Papsttum bis zum Hochmittelalter »außerhalb der eigenen römischen Kirchenprovinz auf Bischofswahlen keinen bestimmenden Einfluß ausgeübt« hatte.[32]

Damit haben wir nun die Elemente beisammen, um den Faden wieder aufzugreifen, den wir vorhin mit der Frage verlassen haben: Wer ernennt die Bischöfe, nachdem der Einfluß der Laien (zunächst des gesamten Volkes Gottes, dann der weltlichen Fürsten) zurückgedrängt war und nachdem - wie wir jetzt gesehen haben - das Element des mitwirkenden collegium episcoporum weithin seine communio-ekklesiologischen Grundlagen verloren hatte? Was jetzt als denkbares Subjekt der Bischofsbestellung übrigblieb, war im wesentlichen nur noch der Klerus - und der Papst.

---

30 Ebd, 136.

31 Siehe dazu W. de Vries: The changes in Rom's exercises by the Primacy and the primacy as exercised by the Ancient Oriental Patriarchs, in: *Wort und Wahrheit*, Suppl.4 (1978) 74; K. Schatz: Papsttum und partikularkirchliche Gewalt bei Innozenz III. (1198-1216), in: *Archivum historiae pontificiae* 8 (1970) 61-111.

32 K. Schatz, a.a.O. 297. - Daß dabei geistes- und theologiegeschichtlich gesehen an die Stelle der trinitarisch verwurzelten Communio-Ekklesiologie ein an aristotelischer monarchischer Gesellschaftslehre orientiertes Kirchenbild trat, sei nur kurz vermerkt, wie auch überhaupt in der Herausbildung einer papalistischen Ekklesiologie noch andere, hier nicht genannte Faktoren wirksam waren.

Blicken wir zunächst auf den Klerus. Nach dem Investiturstreit oblag tatsächlich zunächst ihm die Wahl des Bischofs, die dann durch den Metropoliten zu bestätigen war. Doch bald stellte sich heraus, daß »aus praktischen Gründen nur der Klerus der Bischofsstadt, in der die Wahl stattfand, daran teilnehmen [konnte]. Selten waren die Äbte der Umgebung zugegen, vielleicht einige Vikare des Bistums, die Mittel und Lust hatten, zu diesem Zweck in die Stadt zu reisen«[33]. Und so geriet per modum facti die Bischofswahl in die Hände des Klerus der Bischofsstadt, und das heißt: an das Domkapitel.[34]

Aber auch das Domkapitel erwies sich schon bald als ein ungeeignetes und unfähiges Organ, um Bischofsbestellungen durchzuführen. Es herrschten hier nicht nur sehr oft persönliche Animositäten und Rivalitäten, Macht- und Einflußkämpfe, sondern es wirkte auch ein wichtiges altkirchliches Prinzip jetzt faktisch kontraproduktiv. Um was geht es?

Es wurde bereits darauf hingewiesen, daß ursprünglich die Wahl bzw. die Zustimmung des Volkes als ein pneumatisches Geschehen betrachtet wurde, in dem nicht einfach die quantitative Mehrheit den Ausschlag gab, sondern die qualitative Einmütigkeit. Dieser Grundsatz fand in einer Anordnung der das ganze Abendland bestimmenden Benediktus-Regel eine wichtige Konkretion. Gemäß cap. 64 bestimmt bei der Abtswahl entweder die ganze Gemeinschaft einmütig oder wenigstens der sog. sanior pars - der gesunde, vernünftigere, verständigere Teil - den Abt (»semper consideretur ratio, ut hic constituatur quem sive omnis concors congregatio ..., sive etiam pars quamvis parva congregationis saniore consilio elegerit«). Wahlentscheidend ist also entweder die Gesamtheit oder die qualitative sanior pars, nicht aber die quantitative maior pars! Dieser Grundsatz, der im Mittelalter auch bei Bischofswahlen beachtet wurde, hatte nun düstere Konsequenzen. Denn - natürlich! - »jede zahlenmäßig geschlagene Minorität neigt dazu,

---

33 J. Gaudemet: Von der Bischofswahl zur Bischofsernennung, in: *Concilium* 16 (1980) 470.

34 Dabei war die Wahl an die Zustimmung des Rates und der Mönchskonvente gebunden. Siehe dazu B. Kötting: Bischofsamt und Bischofswahl, a.a.O. 474.

sich für den verständigeren Teil auszugeben und so sich durchzusetzen«[35] - gegen die maior pars. In den daraus sich ergebenden Streitfällen wandte man sich immer häufiger an den Papst als Schiedsrichter. Dadurch aber trat das Domkapitel selbst als wahlentscheidene Instanz zurück und gab der ohnehin unheimlich gewachsenen Macht des Papsttums in Sachen Bischofsernennungen die letzte Aufgipfelung. So wurde in der weiteren Entwicklung die Wahl des Domkapitels wie auch das letztentscheidende Urteil der Metropoliten entweder durch päpstliche Nomination abgelöst, oder die alte Wahlprozedur wurde, wo der usus noch weiterbestand, als eindeutig päpstliches Privileg betrachtet. Kurz: Die einzige noch in der Kirche verbliebene Wählerschaft für eine Bischofswahl, der Klerus, genauer: das Domkapitel, »gibt sich selbst auf. An ihre Stelle setzt sich das Papsttum«.[36] Dieses stand seit der Gregorianischen Reform und nach dem Vergessen der Communio-Ekklesiologie gleichsam bereit, auch die Kompetenz für die Bischofsbestellung aufzugreifen und sich etwa ab dem 13. Jahrhundert. vollends zur Papstmonarchie, welche die plenitudo omnis potestatis in ecclesia hat, hochzustilisieren. Nur am Rande sei vermerkt, daß in diese Entwicklung auch politische Faktoren eingriffen, wie z. B. die Auseinandersetzung des Papsttums mit den politischen Mächten sowie das finanzielle Bedürfnis vor allem des Avignoneser Papsttums, das sich durch Pfründenvergabe lukrative Einnahmen zu verschaffen suchte. Dabei spielte gerade letzteres eine nicht zu unterschätzende Rolle. Immerhin dekretierte Papst Urban V. 1363, daß die Besetzung aller Bistümer wie auch Abteien ab einer bestimmten Einkommenshöhe der Kurie reserviert sei. Klaus Schatz faßt zusammen: »Die 'freie Bischofswahl', in der Gregorianischen Reform erkämpft und mit dem schwersten Geschütz höchster spiritueller und theologischer Argumente begründet, wurde so ziemlich sang- und klanglos durch das

---

[35] J. Gaudemet, a.a.O. 470. - Vgl. zum Ganzen auch B. Schimmelpfennig: Das Prinzip der »sanior pars« bei Bischofswahlen im Mittelalter, in: *Concilium* 16 (1980) 473-477.

[36] J. Gaudemet, a.a.O. 470.

Papsttum selbst, und nicht aus pastoralen, sondern aus finanziellen Gründen wieder abgeschafft.«[37]

Die weitere geschichtliche Entwicklung ist bereits in anderen Beiträgen dieses Bandes nachgezeichnet. Sie bringt - theologisch gesehen - keine neuen Gesichtspunkte. Interessant ist allenfalls noch, daß sich auf dem Trienter Konzil Stimmen erhoben, die sich leidenschaftlich gegen die päpstliche Ernennung der Bischöfe (wie auch gegen den fürstlichen Einfluß - nämlich gegen das vom Papst als Privileg verliehene landesfürstliche Nominationsrecht - sowie gegen die Wahl durch das Domkapitel) wandten. So forderte Kardinal Guise von Lothringen die Rückkehr zur altchristlichen Form der Bischofswahl (forma antiquae ecclesiae). »Unserem Heiligen Vater würde ich auf den Knien den dringenden Rat geben, sich von dieser Last [der Bischofsernennungen] zu befreien: so würde er weniger Gefahr (für sein Seelenheil) eingehen, da meist für die Kirche keine gute Wahl getroffen wird, und er so darüber nicht Rechenschaft ablegen müßte.«[38] Dagegen lautet sein Vorschlag, zur Bischofswahl durch das Volk zurückzukehren, zu dem, »was Christus angeordnet hat (!) und was in der Urkirche beobachtet wurde«.[39] Doch geriet dieser Vorschlag gleichsam in die Zange zwischen päpstlicher und episkopalistischer Konzilspartei, da selbst manche Episkopalisten befürchteten, daß beim damaligen Niedergang des Glaubens das Volk Gottes kein geeignetes Wahlgremium sei. So bemerkte der Erzbischof von Rossano: »Nichts ist wetterwendischer als das Volk. Man muß voraussetzen, daß es mehr von Propagandalärm, Gunst, Vorteilen, Bitten und manchmal Bestechung motiviert wird als von Klugheit.«[40] So wurde auch durch das Trienter Konzil die faktisch eingeschlagene Richtung, die letztlich auf papalistische Alleinkompetenz bei Bischofsernennungen hinauslief, nicht unterbrochen.

---

[37] Bischofswahlen, a.a.O. 299.

[38] Conc. Trid.III/1, 613, hier zit. nach K. Schatz: Bischofswahlen, a.a.O. 300. Vgl. zum Ganzen auch J. Bernhard: Das Konzil von Trient und die Bischofswahl, in: *Concilium* 16 (1980) 478-483.

[39] Zit. nach Bernhard, a.a.O. 479.

[40] Zit. nach Schimmelpfennig, a.a.O. 480 (eigene Übersetzung).

Soweit das »Gespräch mit der Geschichte«. Es hat gezeigt, wie die ausschließliche Kompetenz des Papstes, Bischöfe zu ernennen, diesem in einem höchst komplexen Prozeß zugefallen ist, einem Prozeß, in dem wesentliche theologische Faktoren vergessen bzw. übersehen wurden. Die sich daraus ergebenden theologischen und praktischen Konsequenzen seien im folgenden bedacht.

III. Konsequenzen

1. Papst und Bischofsbestellungen

Im Zusammenhang mit der Problematik der jüngsten Bischofsbestellungen konnte man von besorgten Kritikern häufig folgende rhetorische Figur hören: »Niemand bestreitet dem Papst das Recht, die Bischöfe frei zu ernennen, *aber* ...!« Diese Redeweise ist, wenn nicht falsch, so doch mindestens vieldeutig. Wenigstens hat man hier zu distinguieren: Zwar hat der Papst die Befugnis der freien Bischofsernennungen nach gesatztem Recht, nämlich aufgrund von CIC, Can. 377, § 1: »Der Papst ernennt die Bischöfe frei und bestätigt die rechtmäßig Gewählten«, aber daß er dazu das uneingeschränkte Recht von der ontologischen Struktur der Kirche her hat, ist m. E. mit Nachdruck in Frage zu stellen.[41] Denn was im ersten Jahrtausend Recht war, daß nämlich zur kanonischen Einsetzung eines Bischofs auch die Wahl bzw. Zustimmung des Volkes, des Klerus und der Metropoliten notwendig dazugehörte, kann nicht plötzlich im zweiten Jahrtausend nicht mehr Recht sein. Doch - wohlgemerkt! - die These gründet nicht einfach in einem archäologischen Rückblick, welcher meint, das Alte sei deshalb normativ, weil es das Alte ist. Nein, die

---

41 In der auf diesen Beitrag folgenden Diskussion auf der Akademietagung in Freiburg wurde von einem Teilnehmer die These vertreten, die in Can. 377, § 1 genannte »Freiheit des Papstes« (»libere«) beziehe sich nur auf die Freiheit von politischen Einflüssen. Ich kann hier zunächst nur antworten: Utinam! Das Problem würde in der Tat eine ausführliche Studie verdienen.

Mitwirkung der Ortskirche und der regionalkirchlichen Communio ist tief im Glauben der Kirche, nämlich in der Überzeugung von der communialen und pneumatischen Struktur der Kirche verwurzelt - eine Überzeugung, die wenigstens ansatzweise vom Vatikanum II neu bestätigt wurde. Bischofsernennungen, die prinzipiell an der Ortskirche und an der regionalen communio ecclesiarum vorbeigehen, machen die diesbezüglichen Aussagen des Konzils zu »leeren Worten«.[42] Gewiß, die Ernennung von Bischöfen allein durch den Papst ist - wie Klaus Schatz zu Recht sagt - »ein zwar im Grenzfall möglicher, jedoch vom vollen theologischen Wesen her defizienter Modus«.[43] Und deshalb ist m. E. schlicht und einfach ein unbeschränktes Recht des Papstes, daß er Bischöfe ohne Rücksicht auf die theologische Struktur der Kirche als communio ecclesiarum ernennt, zu bestreiten. Was freilich nicht heißt, daß er im Einzelfall kraft seiner Verantwortung für das Ganze der Kirche nicht auch einmal so verfahren kann. Aber grundsätzlich ist auch der Papst gebunden an das, was die ihm vorgegebene Struktur der Kirche einfordert.[44]

2. *Bischofsernennungen und pneumatologisches Defizit*

Gelegentlich kann man lesen, daß es im Grunde keine theologischen Gründe waren, die zur Abschaffung der Wahl/Zustimmung durch das Volk führten, sondern kulturelle:

---

42 So: W. Seibel: Bischofsernennungen, in: *Stimmen der Zeit* 205 (1987) 362.

43 K. Schatz, Bischofswahlen, a.a.O. 21.

44 So lehnte es schon das Vatikanum I als eine »Lächerlichkeit« weil Selbstverständlichkeit ab, einen von Msgr. Vérot vorgeschlagenen Canon in den Text einzuführen: »Si quis dixerit tam plenam esse Romani pontificis auctoritatem in ecclesia, ut omnia pro nutu suo disponere valeat, anathema sit« (Mansi 52, 591 C). Und auf dem Vatikanum II weigerte sich die Theologische Kommission, einem Vorschlag Pauls VI. zu folgen, wonach der Papst (in Bezug auf die Realisierung der Kollegialität) »uni Domino devi(n)ctus« sei. Die Kommission machte darauf aufmerksam, daß diese Formel sich als »nimis simplificata« darstelle. Denn der Papst sei u.a. gehalten, die wesentliche Struktur der Kirche zu beachten. Siehe dazu den Kommentar von J. Ratzinger zur »Nota explicativa praevia« von *LG*, in: *LThK-Erg.Bd. I*, 355.

»der Rückgang einer gebildeten und freien Laienschaft, Mißbräuche in der Form von Intrigen, Bestechung, Gewalt, Übergriffe von seiten weltlicher Autoritäten«.[45] Doch auch hier muß man m. E. unterscheiden. Zwar waren viele geschichtlich-kontingente Faktoren am Werk, welche die Entwicklung bis zu uns hin gesteuert haben. Aber daß diese überhaupt zu so tiefgreifenden Konsequenzen führen konnten, weist auf tiefere Ursachen hin. Die entscheidendste dieser Ursachen sehe ich - überpointiert gesagt - in der »Geistvergessenheit« der westlichen Kirche im zweiten Jahrtausend, in ihrem Defizit an einer pneumatologischen Dimension der Theologie, zumal der Ekklesiologie und Glaubenspraxis. Y. Congar hat diese These theologiegeschichtlich im einzelnen belegt.[46] Sie sei hier an unserer Problematik bestätigt und verdeutlicht.

»Die Kirche ist« - wie das II.Vatikanum sagt - »das von der Einheit des Vaters und des Sohnes und des Heiligen Geistes her geeignete Volk« (*LG 4*). Kirche hat es also nicht nur mit

---

[45] P. Granfield: Der »sensus fidelium« und die Ernennung eines Bischofs, in: *Concilium* 16 (1980) 487.

[46] Vgl. z. B. Y. Congar: *Die Lehre von der Kirche. Von Augustinus bis zum Abendländischen Schisma* (= Handbuch der Dogmengeschichte III/3c). Hier seine zusammenfassende These über das 11. Jahrhundert: »Im Westen sollte sich nun eine juridisch strukturierte Ekklesiologie entwickeln, die vorwiegend auf Sätzen des öffentlich-kirchlichen Rechts beruhte und darum eben eine klerikale Ekklesiologie darstellte, parallel zunächst, und dies sogar nicht lange, zu einer vom Mysterium und vom Sakrament geprägten Ekklesiologie, die dann durch jene ersetzt wurde.« (61). Über das 12. Jahrhundert: »Statt ihn [den 'Leib Christi'] als vom Heiligen Geist geeint zu sehen, ... wurde das Corpus Christi als der Bereich, als die Frucht der Gnade Christi gesehen ... Somit hat sich eine Verschiebung vollzogen ... Anstatt einer synthetischen und dynamischen Betrachtung der Heilsökonomie, die sich in der Sendung des Heiligen Geistes vollendet, wird man nach einer analytischen Betrachtungsweise verfahren; man wird eine Theologie von der Wirksamkeit der Menschheit und der Sakramente anbieten ... Der Traktat vom mystischen Leib wird im 13. Jahrhundert wesentlich christologisch, nicht pneumatologisch orientiert sein« (ebd. 102). Siehe zur gesamten Problematik auch das Kapitel »Oubli du Saint-Esprit«, in: Y. Congar: *Je crois en l'Esprit Saint*, tom. I, Paris 1979, 218-226, das in die deutsche Übersetzung: *Der Heilige Geist*, Freiburg-Basel-Wien 1982, nicht mit aufgenommen wurde. Siehe auch hierin 144ff (über die christozentrische, aber pneumatalogisch weithin defizitäre Ekklesiologie der Neuzeit). Eine kleine Problemskizze findet sich unter der Überschrift »Christologie oder Pneumatologie als Ausgangspunkt der Ekklesiologie?« auch in M. M. Garijo-Guembe: *Gemeinschaft der Heiligen. Grund, Wesen und Struktur der Kirche*, Düsseldorf 1988, 11-13 (Lit.). Siehe ferner Anm. 49.

dem dreifaltigen Gott zu tun, sie ist auch gewissermaßen vom dreifaltigen Gott her strukturiert. Schon bei Irenäus von Lyon findet sich oftmals der bildhafte Gedanke, daß der Vater durch Jesus Christus *und* durch den Geist als seine *zwei* Hände das Werk der Schöpfung und Erlösung vollzieht. Durch *zwei* Hände! Damit ist auch in die Kirche eine zwar unzertrennbare, doch wohl zu unterscheidende Doppelstruktur, die christologische und die pneumatologische Komponente, eingezeichnet, von denen keine in ihrer spezifischen Eigenart übersehen werden darf, soll die Kirche in ihrem Wesen nicht krank werden.[47]

Die Kirche ist *erstens* christologisch zu betrachten. Das heißt: sie ist Werk Jesu Christi, zusammengeführt durch sein Wort und Handeln, das er in der gehorsamen Erfüllung seiner Sendung durch den Vater verwirklicht. In der Autorität des Vaters tritt er den Menschen mit Vollmacht (*exousia*) gegenüber. Deshalb ist und bleibt Christus das ständige Voraus der Kirche, so daß diese sich ständig an seinem Wort und seiner Gestalt neu auszurichten hat.

Die Kirche ist *zweitens* pneumatologisch in den Blick zu nehmen. Denn die Sendung Christi ist nur eine der beiden »kirchenschaffenden Hände« des Vaters. Der Vater sandte *auch* den Geist, das gemeinsame Band von Vater und Sohn. Der Geist ist es nun, der das charakteristische Merkmal der Sendung Christi, die Vollmacht, mit der er vom Vater her den Menschen gegenübertritt, in eine höhere Einheit »aufhebt«. Durch den Geist wird Christus zum inneren Lebensprinzip der Kirche. Durch ihn werden Christi Wort und Handeln, seine Vollmacht und Autorität so verinnerlicht, daß Sein Wort und die glaubende Antwort des Menschen, Sein Werk der Heiligung und das annehmende Geheiligtsein, Seine anordnende Weisung und die spontan-willige Fügsamkeit der Glaubenden sich zur vollkommenen Einheit zusammenschließen. Überall ist es der Geist, der Verbindung, Gemeinschaft, Einheit schafft.

---

[47] Das Folgende ist ausführlicher dargestellt in: G. Greshake: *Priestersein*, a.a.O. 89ff.

Somit ist die Kirche geprägt von zweierlei: von der »äußeren-objektiven« Gestalt Christi und vom »inneren-subjektiven« Leben des Geistes, von der in der Kirche »ab extra« wirkenden Kraft des Geistes. Beides ist verschieden und doch unzertrennlich verbunden: Die christologische Gestalt teilt mit und prägt die Präsenz des Geistes, der Geist aber drängt dazu, allem Lebendigen die Gestalt Christi einzuprägen. Denn Gestalt will Leben werden, und Leben will Gestalt finden. Beides ist in seiner spezifischen Eigenart miteinander verbunden, so wie Christus und Geist die beiden verschiedenen und doch zusammengehörenden Hände des einen Vaters sind, der durch das Wirken beider sich sein Volk schafft.

Diese hier nur skizzierte theologische Sicht hat nun weittragende Konsequenzen für die kirchliche Struktur- und Amtsfrage. Das kirchliche Amt steht zunächst einmal in der christologischen Linie, insofern durch das Amt in spezifischer Weise die Sendung Christi weitergeht. So kann man gleichsam eine vertikal-absteigende hierarchische Linie ziehen: Gott Vater - Christus - Petrus/Apostel - Papst/Bischöfe. Diese absteigende hierarchische Linie ist, wenn nicht schon das alleinige, so doch das vorherrschende Vorstellungs- und Normbild der römischen Ekklesiologie. Die Macht des Vaters, die Sendung Christi und die von Christus an Petrus und die übrigen Apostel übergebene Vollmacht vermitteln sich dabei primär durch den Papst als den »Deus visibilis in terra«, wie die Papalisten des 13. und 14. Jahrhunderts sagten, als Stellvertreter Christi, ja Gottes selbst, und als Nachfolger des Petrus in der Kirche weiter.[48] Wo bleibt da der Heilige Geist?

In dieser Konzeption ist zwar der Geist nicht völlig vergessen, aber man parallelisierte und integrierte das Wirken des Geistes in die vertikale, hierarchisch-christologische Sendungslinie, identifizierte es dort und ebnete es darin ein. Man

---

[48] Vgl. dazu das exemplarische Kapitel über Augustinus Triumphus bei W. Klausnitzer: *Das Papstamt im Disput zwischen Lutheranern und Katholiken*, Innsbruck-Wien 1987, 56-84. Das hier zusammengetragene Textmaterial ist überaus beeindruckend. Vgl. z. B. die geradezu blasphemische Formulierung des Augustinus: »Motum directionis et sensum cognitionis papa influit in omnia membra Ecclesiae: in ipso vivimus, movemus et sumus« (61).

vergaß dabei bzw. setzte nicht genügend in Rechnung, daß der Geist die zweite *spezifische* Hand Gottes ist. In diesem seinem ihm eigentümlichen Tun aber wirkt der Geist unmittelbar in jedem Glaubenden und in der Gemeinschaft der Glaubenden. Er verinnerlicht - wie wir gesagt haben - Wort und Gestalt Christi und bewirkt so auch, daß das in der Autorität Christi gründende Amt, das als solches im Gegenüber zum übrigen Volk Gottes steht, in die Einheit, Verbundenheit und Communio mit allen anderen Christen hineingestellt wird. Dieses spezifische Wirken des Geistes ist der westlichen Ekklesiologie entglitten. Der Geist trat hinter der christologischen »Hand Gottes« zurück.[49] Das Amt im Gegenüber zu den Laien, nicht die Einheit der Gläubigen, das amtlich-petrinische Zentrum, nicht die communio ecclesiarum, wurden in falscher Einseitigkeit immer mehr hervorgehoben. Der Ort des Geistes war nicht mehr die Kirche als Ganze, sondern die Hierarchie. Deshalb sah man auch keinen theologischen Grund mehr dafür, die Bischofsernennungen aus dem christologischen, amtlich-hierarchischen Gefüge heraus pneumatologisch in das Volk Gottes und in die communio ecclesiarum zurückzubinden. Amtsernennungen wurden zu einem ausschließlich hierarchischen Geschehen und damit konsequenterweise letztendlich im Papsttum kanalisiert. Das ehemals komplexe Gefüge einer Bischofsbestellung, worin die verschiedensten Elemente, das ortskirchliche und universalkirchliche, das amtliche und das charismatische, das klerikale und das laikale zusammenwirkten, ist zugunsten einer rechtlich eindeutigen hierarchisch-christologischen Linie aufgelöst. Kirche wird nicht mehr als Abbild und Teilhabe am Leben des trinitarischen Gottes verstanden, sondern vorrangig als »fortlebender Christus«, als »Weiterführung der Inkarnation«.[50]

---

49 Vgl. H. J. Pottmeyer: Der Heilige Geist und die Kirche, in: *Trierer theologische Zeitschrift* 92 (1983) 48: »Die Sendung des Geistes wird der Sendung Christi nachgeordnet und verliert ihre eigene Qualität. Der Geist dient fast ausschließlich dem unfehlbaren Gelingen der christologisch begründeten amtlichen Gnaden- und Wahrheitsvermittlung.«

50 Vgl. dazu Y. Congar: *Der Heilige Geist*, a.a.O. 145.

Mit dieser theologischen Analyse ist nun auch das entscheidende Heilmittel gegen die faktisch verlaufene, ungeheuer eindimensionale Entwicklung genannt. Es gilt, die pneumatologische und damit die trinitarische Sicht der Kirche neu ins Bewußtsein zu rufen. Es darf darum der Ruf nach einer Kirchenreform nicht verstummen, welche um einer trinitarischen Ekklesiologie willen die Ansätze des Vatikanum II für eine erneuerte Communio-Ekklesiologie einklagt. Dabei geht es nicht nur um einen neuen Stil kirchlicher Amtsausübung und ein neues Miteinander von Amt und sog. Laien, sondern auch um eine neue (alte!) Kirchenstruktur, die nicht nur dyadisch (d. h. um die beiden Strukturmomente: Ortskirche und Universalkirche) zentriert ist, sondern die sich triadisch = dreistufig, realisiert: Ortskirche - regionale Hauptkirche - römische Primatialkirche. Die Geschichte zeigt, daß die communio ecclesiarum nur gelingen kann, wenn eine solche Kirchenstruktur gegeben ist. Erst durch die Eingliederung verschiedener benachbarter Ortskirchen in eine Teilkirchen-Communio hat die einzelne Ortskirche die Chance, ihr Eigensein und ihre Eigenart nicht zu verlieren, sondern ins Ganze einzubringen. Eine bloß dyadische = zweigliedrige kirchliche Struktur, die charakterisiert ist durch ortsbischöfliche Kompetenz auf der einen und päpstliche Kompetenz auf der anderen Seite, reicht dafür nicht aus. Denn in einer solchen Struktur werden bei starker päpstlicher Primatialgewalt - die Gefahr des Westens! - der einzelne Ortsbischof und seine Ortskirche von ebendieser päpstlichen Machtfülle überrannt, überwältigt und haben im Grunde keine Chance, als eigenständiger »Partner« von Rom anerkannt zu werden. Damit aber werden das Gewicht und die Bedeutung der Fülle des Katholischen und die Vielfalt der vom inkarnatorischen Charakter der Kirche her geforderten Synthesen geschwächt oder gar zerstört zugunsten einer sich selbst verarmenden römischen Uniformität und Zentralisation. Oder aber - die Gefahr des Ostens! - es entsteht bei schwacher oder geleugneter päpstlicher Primatialgewalt die Tendenz, daß die Kirche in eine Vielzahl von Orts- oder Teilkirchen (Autokephalien) zerfällt, die untereinander keine handlungsfähige

Einigung mehr finden. Nur eine triadische Kirchenstruktur verhindert sowohl, daß die gesamtkirchliche Communio in eine Pluralität von Ortskirchen zerfällt (die aus sich heraus meist zu klein sind, eine wirkliche Eigengestalt und kulturelle Synthese hervorzubringen), als auch, daß diese angesichts des päpstlichen Primats das Gewicht des Katholischen nicht mehr voll zur Geltung bringen kann.[51] Die Probleme, die sich mit den praktisch allein in Rom vorgenommenen Bischofsbestellungen stellen, sind für diese Zusammenhänge ein beredtes Zeichen.

Gewiß sind für eine solche Strukturreform der Kirche die Möglichkeiten des einzelnen Gläubigen und Theologen beschränkt. Doch darf auch nicht außer Acht gelassen werden, daß, bevor eine neue gesellschaftliche Praxis im kirchlichen wie im weltlichen Raum beginnt, immer Ideen da sind, lebendige Ideen in den Köpfen und Herzen der Menschen. Zu Recht bemerkt dazu Hegel: »Ist erst das Reich der Vorstellung revolutioniert, so hält die Wirklichkeit nicht aus.«[52] Von daher ist es nicht wenig, Ideen wachzuhalten, in diesem Fall: die Idee von der Kirche als Bild des trinitarischen Gottes, als

---

51 Gegenwärtig wird die Frage nach einer triadischen Kirchenstruktur, also nach »Zwischeninstanzen« zwischen Ortskirche und römischer Primatialkirche, unter dem Stichwort »Kompetenz der Bischofskonferenzen« verhandelt. Reiches Material zu dieser Problematik findet sich in den Sammelbänden: *Die Bischofskonferenz. Theologischer und juridischer Status*, hg. von H. Müller/H. J. Pottmeyer, Düsseldorf 1989, sowie: *Episcopal conferences, Historical, canonical and theological studies*, ed. by Th. J. Reese, Washington D. C. 1989. Zumal in den Beiträgen von H. J. Sieben, H. J. Pottmeyer und G. Greshake im erstgenannten Sammelband, wie in den Beiträgen von B. E. Daley, A. Dulles, L. Orsy, M. A. Fahey und J. H. Provost im zweitgenannten, werden Grundsatzfragen der Kirchenstruktur z. T. auch mit Verweis auf die altkirchliche Communio-Ekklesiologie und -praxis diskutiert. Die gemeinsame Tendenz beider Sammelwerke ist die kritische Infragestellung bis radikale Ablehnung des römischen Instrumentum laboris »Der theologische und juridische Status der Bischofskonferenzen«, das im Januar 1988 allen Bischofskonferenzen mit der Aufforderung zur Stellungnahme zugleitet wurde. Dieses römische »Instrumentum«, Ausdruck einer in der römischen Kurie derzeit stark verbreiteten Einstellung, sucht im Grunde die Entwicklung auf eine triadische Kirchenstruktur hin zu stoppen und die (wenigen) Kompetenzen der Bischofskonferenzen zu beschneiden.

52 Brief Hegels an Niethammer v. 28.10.1808, zit. nach L. Oeing-Hanhoff: *Metaphysik und Freiheit*, hg. von Th. Kobusch/W. Jaeschke, München 1988, 239.

Communio (und - wichtiger noch - solche »Ideen« im eigenen, von »Communialität« geprägten Lebensvollzug zu verwirklichen).

3. Offene Fragen und Probleme einer »communialen« Bischofsbestellung

Man sollte nüchtern feststellen, daß hinter den jüngsten Forderungen vieler Katholiken nach Mitwirkung bei Bischofsbestellungen nicht selten auch fragwürdige Motive stehen (1) und überdies eine Ratlosigkeit (2).

(1) Es stehen oft *fragwürdige Motive* dahinter, gegen die m. E. Einspruch am Platz ist. So ist das Verlangen nach Mitwirkung nicht einfach zu begründen mit der platten Forderung, die Kirche habe sich der demokratischen Gesellschaft anzupassen. Davon war schon die Rede. Die Mitwirkung des Volkes Gottes wurde seit neutestamentlicher Zeit immer als ein pneumatisches Geschehen, als geisterfülltes Zeugnis verstanden. Dieses mag sich unter heutigen Bedingungen auch in demokratischen Verfahrensformen äußern (können), ist aber seiner Struktur nach anders geartet. Deshalb hat es auch »eine 'demokratische' Wahl der Bischöfe mit gleichem Stimmrecht aller Gläubigen ..., soweit wir historisch klar zurückblicken können, nie gegeben«.[53] Mitwirkung kann weiterhin nicht heißen, alle Kompetenz der Ortskirche zuzusprechen. Das Bischofsamt hat ebenso eine universalkirchlich-kollegiale Struktur, die auch bei der Bestellung wirksam werden muß. Mitwirkung bedeutet ferner nicht, in einem »antirömischen Affekt« dem Papst alle Kompetenz absprechen. Denn sein Amt der Einheit erfordert, daß er, als Haupt des Bischofskollegiums für das Ganze der Kirche verantwortlich, seine implizite oder explizite Zustimmung für ein neues Mitglied des collegium episcoporum zu geben hat. Sein Amt der Einheit kann es gelegentlich erforderlich machen, daß er zwar subsi-

[53] K. Schatz, Bischofswahlen, a.a.O. 304.

diär, aber mit Vollmacht dort eingreift, wo eine Ortskirche oder auch ein Teilkirchenverband nicht mehr fähig ist, sich selbst in der »Freiheit des Geistes« geeignete Kandidaten zu bestellen. »Es kann auch einmal nötig sein, die Selbstgenügsamkeit und Provinzialität einer Ortskirche von außen her aufzubrechen. Ebenso muß die Möglichkeit bestehen, Minderheiten innerhalb einer Ortskirche von außen her zu unterstützen.«[54] Das alles ist zu bedenken, wenn man zu Recht die Forderung nach Mitwirkung erhebt, sich dabei aber nicht in neue fragwürdige Einseitigkeiten verwickeln will.

(2) Hinter der Forderung nach Mitwirkung des Volkes Gottes bei den Bischofsbestellungen steht nicht selten eine große *Ratlosigkeit* darüber, wie denn konkret eine solche Partizipation unter heutigen Bedingungen sich realisieren könnte. Die Geschichte lehrt uns, daß die Mitwirkung immer auch von historisch sich wandelnden sozialen Bedingungen abhängig war. In einer relativ kleinen Gemeinde (»polis«), wo man sich kennt und wo persönliche Beziehungen herrschen, sieht Mitwirkung anders aus als in großen, zumeist anonymen gesellschaftlichen Gebilden, die zudem für alle möglichen Einflüsse von außen anfällig sind. Die Kirche hat die Erfahrung machen müssen, daß selbst eine große »unanimitas« nicht immer Zeichen des Heiligen Geistes ist, sondern sehr wohl manipuliert sein kann. Wie können heute ungeistliche Einflüsse z. B. unter dem Druck der Medien verhindert werden, so daß die Zustimmung des Volkes eine geisterfüllte ist und bleibt? Vermutlich wird das nur durch Repräsentation mittels kleinerer Gremien gelingen, wo der Kontext des Glaubens gewahrt ist und »der Sinn für das Mysterium durch das Gebet geweckt und gefördert wird und in dem für genügend Stille und religiösen Freiraum gegenüber den Beschäftigungen des alltäglichen Lebens gesorgt ist. Man sollte sogar traditionelle Konzentrationsformen, wie das Fasten, nicht ausschließen. In einer solchen religiösen Atmosphäre kann eine gegenseitige Beratung und ein Austausch von Argumenten, Informationen, Eindrücken gesche-

54 Ebd. 305.

hen ...«[55] Entscheidend dürfte bei all dem nicht sein, ob jemand - womöglich auf Grund einer Meinungsbefragung - die Mehrheit des Volkes Gottes hinter sich bringt, sondern »ob er das Vertrauen seiner eigentlichen Mitarbeiter, das heißt der Priester und ebenso heute der Laienmitarbeiter besitzt. Im übrigen wären sicher die Gremien, deren Votum heute die Stimme der Ortskirche am ehesten verkörpern würde, die im Gefolge des Konzils geschaffenen Räte, in erster Linie Priesterrat und Pastoralrat«.[56] Schließlich müssen die Bischofskonferenz sowie das größere regionalkirchliche Umfeld mitberücksichtigt werden. Leicht ist es nicht, für diese verschiedenen Gesichtspunkte und beteiligten Faktoren die notwendigen Strukturen und Voraussetzungen zu schaffen. In dieser zu Recht bestehenden Ratlosigkeit, wie das alles rechtlich geregelt, ordnungsgemäß ablaufen, kurz: »funktionieren« kann, sollte man vielleicht nicht ganz so forsch auftreten, wenn man den bisherigen Modus zu Recht beklagt, sondern auch die Schwierigkeiten und Aporien berücksichtigen, die im komplexen Verfahren einer Bischofsernennung zumal unter heutigen Bedingungen auftreten.

Das bedeutet nun freilich nicht, daß dann ja alles beim alten bleiben kann oder muß. Auch ich finde es unerträglich, daß Bischöfe heute weltweit allein vom römischen Zentrum unter vielfacher Mißachtung anderer theologischer Strukturmomente ernannt werden. Hier ist schlechterdings eine Kehrtwende, theologisch gesagt: eine Bekehrung vonnöten, die sich an der Ekklesiologie des ersten Jahrtausends, an der ekklesialen Praxis der »ungeteilten Christenheit« zu orientieren hat. Damals verwirklichte sich die Communio, auch in Bezug auf die Bischofsbestellungen, in einer triadischen Kirchenstruktur und wurde von ihr getragen, während die römische Primatialkirche nicht dauernd in eine funktionierende regionalkirchliche Communio eingriff, sondern diese nur »subsidiär« - subsidium

55 J. Remy: Beteiligung des Gottesvolkes an der Wahl und der Ernennung eines Bischofs, in: *Concilium* 16 (1980) 513.
56 K. Schatz: Bischofswahlen, a.a.O. 304.

heißt: Verstärkung, Beistand, Hilfe, Reserve! - ermöglichte und ihr diente.

Am Ende soll ein längeres Zitat von Niketas von Nikomedien stehen, einem orthodoxen Bischof des 12. Jahrhunderts, der in einem intensiven theologischen Dialog mit dem lateinischen Bischof Anselm von Havelberg stand.[57] Es geht hier um die Frage der Struktur des Petrusamtes und seiner Einbindung in die Gesamtkirche. In diesem Zusammenhang formuliert Niketas in einer bis heute erregenden Aktualität:

»Rom, der alles überragende Sitz des Imperiums, hat den Primat erhalten, so daß es 'Erster Sitz' heißt und dorthin bei kirchlichen Streitfällen von überall her die Appellation zu richten ist. Ferner soll dort auch das, was nicht bereits festen Regeln unterliegt, beurteilt und entschieden werden ... Nun hat aber die römische Kirche, der wir unter allen Schwestern den Primat nicht verweigern und der wir ... den ersten Ehrenplatz zuerkennen, sich selbst wegen ihres Vorranges von uns getrennt, als sie, was ihr nicht zustand, die Monarchie an sich zog ... Wie sollten wir ... die päpstlichen Dekrete annehmen, die ohne unsere Mitsprache, ja ohne unser Wissen abgefaßt werden? Wenn der römische Bischof, auf dem erhabenen Thron seiner Herrlichkeit sitzend, zu uns herunterdonnern und uns aus der Höhe seine Befehle sozusagen herabschleudern will, wenn er nicht mit unserem Ratschlag, sondern nach eigenem Urteil, nach seinem Belieben über uns und unsere Kirche richten, ja herrschen will - was ist das für eine Brüderlichkeit oder auch nur Väterlichkeit? Wer kann so etwas je gleichmütig ertragen? Denn dann wären wir in Wirklichkeit Sklaven und könnten nicht mehr Söhne der Kirche genannt werden und es sein ... Wozu dienten dann noch die Bibelwissenschaft, die geistige Gelehrsamkeit, die theologischen Studien und die edle Weisheit der Griechen? Der römische Bischof macht mit seiner Autorität allein, die über allen steht, all dies leer und nichtig. Dann soll er eben allein Bischof sein, allein Lehrer, allein Präzeptor! Als allein 'guter Hirt' soll er vor Gott allein über alles, was ihm allein anvertraut ist, allein Rechenschaft ablegen! Wenn er aber Wert legt auf Mitarbeiter im Weinberg des Herrn, dann soll er unbeschadet seines Primates sich seiner Demut rühmen und seine Brüder nicht verachten,

57 Näheres dazu siehe bei H. J. Sieben: *Die Konzilsidee des lateinischen Mittelalters (847-1378)*, Paderborn u.a. 1984, 153-187; J. W. Braun: Anselm von Havelberg, in: *Die deutsche Literatur des Mittelalters*, Bd. I, Berlin-New York 1978, 384-391.

welche die Wahrheit Christi nicht zur Knechtschaft, sondern zur Freiheit im Schoß der Mutter Kirche gezeugt hat.«[58]

[58] Anselm v. Havelberg: Dialogi, in: PL 188, 1219f.

Eugenio Corecco

Amt und Charisma in der Verfassung der Kirche

Ohne Zweifel ist das gestellte Thema von beträchtlicher Aktualität. Um sich davon zu überzeugen genügt es, an die Rolle zu denken, die es in den Debatten bei der jüngsten Bischofssynode über die Berufung und Sendung der Laien in der Kirche gespielt hat.

Es wird mit diesem Beitrag nicht mehr beabsichtigt, als aus kanonistischer Perspektive einige theoretische Erwägungen über den Gebrauch der drei hier in Betracht kommenden Begriffe anzustellen, das heißt über das »Amt«, über das »Charisma« und über die »Verfassung«. In methodologischer Hinsicht ist es angezeigt, mit dem letztgenannten Begriff zu beginnen, also mit der »Verfassung«, die jedoch nur dann voll verständlich wird, wenn sie mit einem vierten, im Titel dieses Beitrages implizierten Begriff in Zusammenhang gebracht wird, nämlich mit jenem der »Institution«.

I. Die Begriffe »Verfassung« und »Institution« im kanonischen System

In den kanonistischen Lehrbüchern des sogenannten »*Ius Publicum Ecclesiasticum*« ist der Begriff »Institution« seiner Substanz nach mit jenem der »Verfassung« identisch. Die Verfassung konzentriert sich ihrerseits fast ausschließlich auf die öffentliche Organisation der kirchlichen Gewalt, welche das zentrale Problem einer sogenannten »*societas iuridice perfecta*« ist.[1]

---

[1] Dies ist im wesentlichen der systematische Ansatz in den Lehrbüchern des »*Ius Publicum Ecclesiasticum*«, die nahezu alle den Titel tragen »*Institutiones Iuris*

Wenn man eine so geartete Rechtslehre auf die Kirche anwendet, so fällt das rechtliche Element mit dem institutionellen praktisch in eins.[2]

Diese vom »*Ius Publicum Ecclesiasticum*« vorgenommene Identifizierung ist aber aus zwei Gründen falsch. Zum einen, weil das kanonische Recht als theologische Disziplin ein epistemologisch anderes Prinzip besitzt als das naturrechtliche des »*Ius Publicum Ecclesiasticum*«. Zum anderen, weil das Objekt des Verfassungsrechtes der Kirche im Gegensatz zu dem des Staates eine unterschiedliche dogmatische Voraussetzung sowie eine andere und viel umfassendere Zielsetzung hat. In der Tat kann diese Zielsetzung der Kirchenverfassung sich nicht auf die Organisation der Gewalt beschränken. Wenn man außerdem der von *Optatam totius* (=*OT*) unter Nr. 16,4 aufgezeigten methodologischen Richtlinie auf den Grund geht, wonach die Lehre des kanonischen Rechtes davon auszugehen hat, daß die Kirche ein Mysterium ist, muß man zu der Schlußfolgerung gelangen, daß die Frage der Strukturierung der kirchlichen Gewalt als eine abgeleitete betrachtet werden sollte. In der Tat zählt zu den primären, nicht abgeleiteten Elementen der Verfassungsstruktur der Kirche außer dem Wort und dem Sakrament auch das Charisma. Während Wort und Sakrament als ursprüngliche Elemente der kirchlichen Institution zu betrachten sind[3], ist das Charisma als das einzige nichtinstitutionelle Element der Kirchenverfassung anzusehen, welches den beiden Polen der Institution in der Kirche - das heißt dem allgemeinen und dem Weihepriestertum - verliehen wird. Tatsächlich hängen sämtliche strukturell konstitutiven Elemente der Kirche, seien sie göttlichen oder menschlichen

---

Publici Ecclesiastici«, angefangen vom Werk Kardinal Soglias bis hin zu jenem Kardinal Ottavianis.

2 Für eine kritische Beleuchtung dieses Identifizierungsvorganges sei verwiesen auf J. Hervada/P. Lombardía: *El Derecho del Pueblo de Dios I*, Pamplona 1970, 229ff.

3 Vgl. dazu C. Bauer: Institution. II: Die Institution in historischer Sicht, in: *Staatslexikon*[6] IV (1959), 327-330, bes. 329.

Rechtes, vom Wort und vom Sakrament oder vom Charisma ab.[4]

In der Kirche sind also »Verfassung« und »Institution« zwei unterschiedliche Wesenheiten, auch wenn sie weder getrennt sind noch in Gegensatz zueinander stehen. Die »Verfassung« ist eine umgreifendere Wirklichkeit als die »Institution«. Hans Urs von Balthasar hat die kirchliche Institution als eine Art »kenotische Verfassung« definiert. Diese kenotische Reduktion des Mysteriums der Kirche gewährleistet das Verbleiben in der »*Memoria Christi*« durch die Logik des kirchlichen Gehorsams, um somit die Privatisierung der kirchlichen Erfahrung zu verhindern.[5]

Diese gewichtige Schlußfolgerung wird bedauerlicherweise deswegen relativiert, weil von Balthasar in seinem Urteil noch ganz offensichtlich - wie allerdings die meisten Theologen - die Institution mit den hierarchischen Elementen (Bischofskollegium, Papst, Konzil, Bischöfe usw.), das heißt also mit dem Weihesakrament, identifiziert. Jedes Sakrament (und folglich auch die Taufe, die das allgemeine Priestertum verleiht) stellt in der Kirche ein institutionelles Element dar. Somit wird verständlich, wie diese beiden Aspekte der Kirche, das heißt die Verfassung und die Institution, dem Beistand des Heiligen Geistes ausgesetzt sind, dessen »*opus proprium*«[6] die Auferbauung der »*communio*« als Ort der Freiheit ist. Die »*communio*« bildet, um es in scholastischer Terminologie zu sagen, das »*principium formale*« des ganzen kanonischen Rechts. Dadurch erlangen die Verfassung und die Institution eine rechtliche Sinndeutung, die nicht mit jener der gleichen Begriffe der

---

4 Vgl. E. Corecco: Istituzione e carisma in riferimento alle strutture associative, in: *Das konsoziative Element in der Kirche. Akten des VI. Internationalen Kongresses für kanonisches Recht (München, 14.-19. September 1987)*, hg. von W. Aymans/K.-Th. Geringer/ H. Schmitz, St. Ottilien 1989, 79-98.

5 Vgl. *Pneuma und Institution. Skizzen zur Theologie IV*, Einsiedeln 1974, 129f.; 229-233.

6 Sehr aufschlußreich ist der diesbezügliche Beitrag von J. Ratzinger: Der Heilige Geist als »communio«. Zum Verhältnis von Pneumatologie und Spiritualität bei Augustinus, in: C. Heitmann/H. Mühlen: *Erfahrung und Theologie des Heiligen Geistes*, München 1974, 225-238.

staatlichen Rechtswissenschaft zu verwechseln ist. 'Juristisch' ist somit auch nicht synonym mit 'institutionell'.[7]

Die ausgedehnte Debatte zuerst über das Projekt einer *»Lex Ecclesiae Fundamentalis«* und dann über die Systematik des neuen Codex dürfte hinreichend deutlich gemacht haben, inwiefern die kirchliche Verfassung, auch in ihren juristisch formalen Aspekten, von Prinzipien getragen wird, die von jenen, auf welche die Verfassung des modernen Staates normalerweise sich zu berufen pflegt, zutiefst verschieden sind.[8] In der Tat scheint nunmehr die Ansicht überwunden zu sein, derzufolge nicht allen Elementen des göttlichen Rechts sowie den Sakramenten und dem Wort verfassungsmäßiger Charakter zuerkannt wird.[9]

Wenn heute von Verfassung der Kirche die Rede ist, wird sogleich das Modell der modernen staatlichen Verfassungen zum Vergleich herangezogen, die den Anspruch erheben, die Gesamtheit der materiellen Elemente zu formalisieren, in denen sich in einem gewissen historischen Augenblick die komplexe juristische, soziologische und politische Erfahrung des Staates realisiert.

Wird aber der Tatsache Rechnung getragen, daß auch diese staatlichen Verfassungen nicht alle Menschenrechte garantie-

---

7 Für eine ausführliche Analyse der verschiedenen Modifikationen und Einschränkungen, die die Begriffe der Verfassung und Institution zuerst in der staatlichen Rechtswissenschaft und dann innerhalb der Kanonistik erfahren haben, vgl. L. Gerosa: *Charisma und Recht. Kirchenrechtliche Überlegungen zum »Urcharisma« der Vereinigungsformen in der Kirche*, Einsiedeln-Trier 1989, 127-145.

8 Eine vertiefte Analyse dieses Unterschiedes bietet E. Corecco: Prospettive per la »Lex Ecclesiae Fundamentalis« e la revisione del Diritto canonico nel Documento di Puebla, in: *Il Diritto Ecclesiastico* 91/1 (1980) 3-23.

9 Die mannigfachen juristischen Konsequenzen dieser Tatsache, welche hier aufzuführen nicht möglich ist, konvergieren sämtlich darin, daß die Tiefenstruktur des Mysteriums der Kirche in der *»communio Ecclesiarum«* besteht. Für die daraus sich ergebenden grundsätzlichen Folgen dieser Feststellung, die ihren synthetischen Ausdruck in der ekklesiologischen Formel von *LG* 23,1 findet (dergemäß die Universalkirche in und aus den Teilkirchen sich verwirklicht: *»in quibus et ex quibus una et unica Ecclesia catholica exsistit«*), sei verwiesen auf W. Aymans: *Das synodale Element in der Kirchenverfassung*, München 1970, 318-330; außerdem auf meinen Artikel: Chiesa particolare, in: *Digesto. Discipline Pubblicistiche III*, Torino [4]1989, 17-23.

ren, drängen sich notwendigerweise zwei Forderungen auf: Zum Verständnis der Natur der Kirchenverfassung ist einerseits von den staatlichen Modellen Abstand zu nehmen, andererseits über die kodikarischen Normen hinauszugehen.

Zur materiellen und folglich auch zur formellen Verfassung der Kirche gehören alle jene Elemente des göttlichen Rechtes, die deren Wesen begründen, sowie in einer abgeleiteten Weise alle jene Elemente des positiven Rechtes, die sie historisch spezifizieren. Grundelemente der Verfassung sind also nicht nur das Wort und das Sakrament, sondern auch das Charisma. Dieses ist genauso auf Christus zurückzuführen wie das Wort und das Sakrament, wenn auch durch die Vermittlung des Heiligen Geistes, der aber der Geist Christi ist. Daher gibt es keine Kirche ohne das Vorhandensein des Charismas. Das Charisma gehört zum Wesen und mithin zur Verfassung der Kirche wie das Wort und das Sakrament.

Der Klärungsprozeß des Begriffes »Institution« ist in der allgemeinen Theorie des kanonischen Rechtes noch wenig fortgeschritten. Daher ist es angezeigt, ihm größere Aufmerksamkeit zu widmen.

Die kirchliche Institution kann nicht auf das Weihepriestertum reduziert werden. Der deutsche Ausdruck »Amtskirche«, der zur Bezeichnung der institutionellen Kirche gebraucht wird, ist daher falsch. Zur kirchlichen Institution gehört auch das allgemeine Priestertum, welches das Fundament der Teilhabe aller Gläubigen an der Sendung der Kirche in der Welt bildet. Ein unwiderlegbarer Beweis dafür besteht in der Tatsache, daß das Sakrament der Taufe als *»ianua sacramentorum«* das Unterscheidungskriterium zwischen »christlicher Religion« und »Kirchlichkeit« bildet.[10] Die endgültige Eingliederung einer Person in die Kirche durch die Taufe offenbart die ganze institutionelle Tragweite der Sakramente und des Wortes. Die Taufe ist nicht nur ein soteriologisches Ereignis, dessen Wirkungen in sozialer Hinsicht irrelevant wären, sondern auch ein rechtlich konstitutiver Akt, der die Zugehörigkeit einer Person

---

[10] Vgl. E. Corecco: Battesimo, in: *Digesto. Discipline Pubblicistiche II*, Torino ^{4}1987, 213-216.

zur Kirche bestimmt und der gleichzeitig für die gesamte Rechtsstruktur des kanonischen Systems grundlegend ist. In der Taufe tritt somit die rechtliche Bedeutsamkeit aller Sakramente und folglich auch des Wortes paradigmatisch zutage.

Die Funktion der Taufe als tragenden Elements nicht nur der Verfassung, sondern auch der kirchlichen Institution macht deutlich, daß das Verhältnis Gläubiger-Kirche mit jenem von Bürger-Staat nicht identisch ist. Im Gegensatz zum modernen Staat verwirklichen sich in der Kirche die zwischenkirchlichen Beziehungen nicht gemäß der Dialektik Person-Institution oder Amt, sondern vielmehr als Beziehung zwischen Institution und Institution, das heißt zwischen Person und Person. Denn die Sakramente und die Ämter existieren nicht als autonome Größen, das heißt als institutionelle Abstraktionen - wie dies für den Bereich des Staates charakteristisch ist -, sondern als ontologische Komponenten der getauften und der ordinierten Personen als solcher.

Wenn man unter Institution die stabilen und konstitutiven Strukturen einer sozialen Wirklichkeit versteht, so muß man dahin übereinkommen, daß der Kirche diese Struktur durch das Sakrament und das Wort verliehen wird. Diese beiden Elemente durchdringen sich gegenseitig und bilden somit, wie im Fall der Taufe, das kirchliche Subjekt, das heißt den »*christifidelis*«, der allen drei Ständen des kirchlichen Lebens - den Laien, den Priestern und den Religiosen - zugrundeliegt und immanent ist.

Die Kirche als Institution fällt daher mit der Organisation der öffentlichen Gewalten, das heißt der Autorität, nicht einfach ineins. Die kirchliche Institution realisiert sich stets an den beiden Polen der Taufe und der Weihe, die mit den übrigen Sakramenten in der Eucharistie zusammenlaufen. Denn die Eucharistie ist die Vergegenwärtigung der ganzen Kirche, weil sie zugleich »*fons et origo*« sowie »*culmen*« des gesamten Lebens der Kirche ist (*SC* 10).

Mit anderen Worten, die Institution besteht ihrer Substanz nach in den rechtlich-strukturellen Ausfaltungen, die die Kirche im Laufe ihrer Geschichte sei es am allgemeinen Priestertum (Grundrechte), sei es am Weihepriestertum (Klerikerrechte) vorgenommen hat. Im allgemeinen Priestertum, das auch den *»sensus fidei«* miteinschließt, verwirklicht sich die Teilnahme jedes Gläubigen *»suo modo et pro sua parte«* (*LG* 31,1) am Priestertum Christi. Im Weihepriestertum, das auch das Wort in seiner lehramtlichen Form umfaßt, verwirklicht sich eine andere, dem Wesen nach verschiedene Teilnahme der Kleriker am Priestertum Christi. Diese letztere Teilhabe fällt mit der Verleihung der *»sacra potestas«* ineins.[11] Da diese beiden Formen des Priestertums in der Teilnahme am einzigen Priestertum Christi bestehen[12], können sie weder getrennt noch einander entgegengesetzt werden. In ihrem wechselseitigen Bezug bilden sie die beiden unumgänglichen Elemente der Institution der Kirche: die Laien und die Kleriker.

Das Charisma ist jenes Element in der Kirche, das eine Identifizierung der Verfassung mit der Institution nicht zuläßt. Es ist selbst ein primäres Element der Verfassung, auch wenn es den beiden Polen der Institution - den Klerikern und den Laien - vom Heiligen Geist verliehen werden kann. In dieser Hinsicht kann es also keine Zweifel bezüglich der großen rechtlichen Relevanz des Charismas geben. Wenn die Existenz des kanonischen Rechtes sich tatsächlich von der verbindlichen Kraft des Wortes und des Sakramentes ableitet, dann hat auch das Charisma eine rechtliche Relevanz, weil es immer eine Quelle der Brüderlichkeit und der Gemeinschaft ist. Diese Tatsache beweist die verfassungsrechtliche Rolle des Charismas in der Kirche als *»communio«*.

Um die Verknüpfung von Amt und Charisma auf der Ebene des sogenannten Verfassungsrechtes der Kirche besser erfassen zu können, muß man sich vor Augen halten, daß einerseits das Amt (oder die Hierarchie) nur einer der beiden Pole der

---

11 Für eine umfassende Analyse der Theorien über die »Sacra potestas« vgl. E. Corecco: Natur und Struktur der »sacra potestas« in der kanonistischen Doktrin und im neuen CIC, in: *Archiv für katholisches Kirchenrecht* 153 (1984) 354-383.

12 Vgl. E. Corecco: Riflessione giuridico-istituzionale su sacerdozio comune e sacerdozio ministeriale, in: *Popolo di Dio e Sacerdozio. Atti del IX Congresso Nazionale dell'Associazione Teologica Italiana (Cascia 14-18 settembre 1981)*, Padova 1983, 80-129.

kirchlichen Institution ist, und daß andererseits die Spannung zwischen Charisma und Institution in der Geschichte immer als Spannung zwischen Klerikern und Laien aufgetreten ist, das heißt also zwischen den beiden institutionellen Polen der Kirche.[13] Wenn die Theologie dagegen eine Antinomie zwischen Charisma und Institution theoretisiert hat, so nur deswegen, weil sie seit der montanistischen Periode stillschweigend vorausgesetzt hat, daß das Charisma praktisch das ausschließliche Vorrecht der Laien darstellt. Die Laien wurden allerdings nicht im Sinne des Zweiten Vatikanum verstanden, sondern vielmehr als soziologisches Element, in dem sich die »Basis« der Kirche zum Ausdruck bringt. Tatsächlich hat auch die protestantische Reform, in welche sämtliche spiritualistischen Bewegungen der antiken und mittelalterlichen Kirche einmündeten, das allgemeine Priestertum der Laien, das während des ganzen Mittelalters unterbewertet blieb, dem »Amtspriestertum« der Kleriker entgegengesetzt. In der Tat hat das Weihepriestertum in der Kirche seit jeher eine Herrschaftsposition eingenommen, so daß die Doktrin einseitig einen Gegensatz zwischen dem Charisma und der mit der Hierarchie zusammenfallenden Institution theoretisiert hat. Indem das Zweite Vatikanum bekräftigt, daß das Charisma den »Gläubigen jeglichen Standes« (*LG* 12,2) vom Heiligen Geist geschenkt wird, hat es diese Antinomie im Prinzip beseitigt, ohne dabei die Existenz spezifischer Charismen des Priesterstandes zu verneinen, so zum Beispiel das Charisma der Unfehlbarkeit des Papstes (*LG* 25,3). Man kann nicht leugnen, daß jenseits der grundlegenden Spannung zwischen Klerikern und Laien auch eine solche zwischen Charisma und Institution besteht. Die historischen Erscheinungen dieser Spannung haben schließlich auch die Ausmerzung beider Pole der kirchlichen Institution, der Kleriker wie der Laien, zur Folge gehabt. Dies ist beispielsweise bei jenen sogenannten christlichen Sekten der Fall, die - indem sie sich ausschließlich auf das

[13] Vgl. E. Corecco: Profili istituzionali di Movimenti nella Chiesa, in: *I Movimenti nella Chiesa negli anni '80. Atti del I Convegno Internazionale (Roma 23-27 settembre 1981)*, hg. von M. Camisasca/M. Vitali, Milano 1982, 203-234.

Wort berufen - auch das Sakrament der Taufe ausgeschieden haben, weil es in sich selbst als ein institutioneller Faktor erachtet wurde, der in Kontrast stehe zur absoluten Freiheit des Geistes und des Charismas.

Das Charisma, das beiden Polen der Institution verliehen ist, hat die Aufgabe, die Institution ständig zu beleben und sie in ihrem eventuellen Hegemonieanspruch auf die autonome Leitung der Kirche gegenüber dem Wirken des Heiligen Geistes zu relativieren. Das strukturelle Problem der Kirche besteht aber nicht darin, die Einheit zwischen Charisma und Institution, sondern die Einheit zwischen allgemeinem und Weihepriestertum zu verwirklichen.

Die verfassungsmäßige Funktion des Sakramentes und des Wortes kann in der Tat nicht dadurch überwunden werden, daß die Institution unmittelbar vom Charisma abgeleitet wird, wie dies einige zu tun versuchen. Das Charisma, sofern es verliehen wird, ist stets innerhalb der beiden vorgegebenen Pole der Institution verliehen, um dieser zu helfen, neben der Treue zu Christus auch das ihrer Bipolarität innewohnende Gleichgewicht zu wahren. Durch diese vom Charisma hervorgerufene Relativierung der Institution ist der Kirche die Möglichkeit gegeben, den jeglicher Form von Macht eigenen Konkurrenzkampf im Prinzip zu überwinden.

Wie ist es zu erklären, daß das Charisma die ekklesiologisch wichtige Rolle innehat, Scharnier zwischen Verfassung und Institution zu sein? Um dies zu verstehen, bedarf es einiger Klarstellungen zur rechtlichen Bedeutung des Amtes sowie des Charismas.

II. Die rechtliche Bedeutung des Amtes

Es ist davon auszugehen, daß das Amt von der »*sacra potestas*« nicht zu trennen ist, da gemäß dem Zweiten Vatikanischen Konzil das Weihesakrament und somit auch das Weihepriestertum am Ursprung der »*sacra potestas*« selbst stehen. Der vereinheitlichende Begriff der »*sacra potestas*« erfordert eine Neubestimmung der traditionellen Unterscheidung zwischen Weihe- und Hirtengewalt[14], welche bis heute wegen ihrer tiefen Verwurzelung in der lateinischen Theologie wenigstens terminologisch unersetzbar zu sein scheint, so daß der neue Codex problemlos sie weiter übernimmt.

Klaus Mörsdorf hat die Tatsache erfaßt, daß die Unterscheidung von Weihe- und Hirtengewalt in zwei konstitutiven Elementen der Kirche selbst gründet: im Sakrament und im Wort Gottes.[15] Dieser Ansatz scheint ein theologisches Feld abzudecken, das fähig ist, die dem funktionellen Charakter der juristischen Sprache innewohnenden Grenzen zu überwinden. Das symbolische Zeichen und das Wort sind in der Tat die beiden menschlichen Modalitäten der Kommunikation, deren sich Gott schon im Alten Testament bediente, um sich dem Menschen zu offenbaren. In der Heilsökonomie kommt dem Wort Gottes und dem symbolischen Zeichen durch die Menschwerdung Christi eine eschatologische Endgültigkeit zu, die ihnen jene objektive sakramentale Wirksamkeit verleiht, welche von der Theologie mit dem Begriff des »*ex opere operato*« umschrieben wird. Dies ist nicht nur deshalb wahr, weil dem Wort bereits in sich selbst eine objektive Wirksamkeit eignet[16], da es formal verbindlich ist und ihm ein Heilswert zukommt schon vor und nicht erst nach dessen Empfang »*interius in corde*« durch den Menschen (wie es die protestantische Doktrin postuliert), sondern auch, weil es von seiner Struktur her auf das symbolische Zeichen hin ausgerichtet ist und ihm die sakramentale Wirkung einprägt.[17]

---

14 Hier ist anzumerken, daß diese Unterscheidung der orthodoxen Theologie fremd ist; vgl. P. Anciaux: L'Episcopat (ordo episcoporum) comme réalité sacramentelle, in: *Nouvelle Revue Théologique* 85 (1963) 156.

15 Vgl. K. Mörsdorf: Zur Grundlegung des Rechtes der Kirche, in: *Münchener Theologische Zeitschrift* 3 (1952) 329ff.

16 Vgl. L. Scheffczyk: *Von der Heilsmacht des Wortes*, München 1966, 168f.; 264-272.

17 G. Söhngen: *Symbol und Wirklichkeit im Kultmysterium*, Bonn 1973, 18, hat dieses Problem in die bedeutsame Formel gefaßt: »Vom Worte wird das Sakrament mit der Fülle mächtiger Geistlichkeit und vom Sakrament wird das Wort mit der Fülle geistlicher Wirklichkeit erfüllt.«

Wort und Sakrament sind aus diesem Grund nicht nur strukturell aufeinander bezogen, sondern auch untrennbar miteinander verbunden. Sie bilden die beiden verschiedenen formalen Modalitäten, vermittels derer Gott seine Gnade offenbart und mitteilt, welche nicht nur eine einheitliche, sondern eine einzige und eine in sich unteilbare Realität ist. Dies ist letztlich der Grund, weshalb auch die *»sacra potestas«* als Grundelement der Struktur der Kirche nicht nur eine einheitliche, sondern auch eine einzige, unteilbare Wirklichkeit ist.

Wie Gott sich in seiner Ganzheit in Wort und Sakrament offenbart, so offenbart sich die eine *»sacra potestas«* durch jene beiden institutionellen Modalitäten, welche die Kanonistik »Weihegewalt« und »Hirtengewalt« nennt. Sie bilden nämlich die zweifache Ausdrucksmodalität der einen und einzigen *»sacra potestas«*.

Hieraus ergibt sich, daß sowohl die Unterscheidung als solche zwischen Weihe- und Hirtengewalt nicht materialer, sondern vielmehr formaler Natur ist, als auch, daß sie ihrem Inhalt nach einen formalen Charakter aufweist. Denn in beiden sogenannten »Gewalten« wirken nicht zwei verschiedene Teile der *»sacra potestas«*, sondern die ganze *»potestas«* der Kirche in der Gesamtheit ihres Inhaltes. Sei es, daß ein Bischof Weihen erteilt, sei es, daß er durch einen jurisdiktionellen Akt tätig wird oder aber lehrt, stets handelt er kraft seiner ganzen *»potestas«*, auch wenn sie entsprechend unterschiedlichen formalen Aspekten wirksam wird.

Weihe- und Hirtengewalt wirken jedoch auch in relativ autonomer Weise, wie das Wort und das Sakrament. Auf die gleiche Weise, wie das Wort ohne gleichzeitige Spendung des Sakramentes verkündet werden kann, ist es möglich, daß die Kirche jurisdiktionelle Akte setzt ohne unmittelbaren Zusammenhang mit dem Weihesakrament.

Die ganze Rechtsordnung der Kirche, deren augenfälligster Ausdruck die »Jurisdiktion« darstellt, ist übrigens im Hinblick auf die Feier der Sakramente angelegt.[18] Weil die Struktur der

---

[18] Vgl. M. Useros Carretero: *»Statuta Ecclesiae« y »Sacramenta Ecclesiae« en la Eclesiología de St. Tomás*, Roma 1962, 186-324.

Heilsökonomie ihr Fundament und Modell dem Geheimnis der Inkarnation entnimmt, ist es nicht vorstellbar, daß sich die »*sacra potestas*« nur gemäß der Modalität der Hirtengewalt ausdrücken kann, ohne zugleich mit der Weihegewalt untrennbar verbunden zu bleiben. Dies widerspräche der ganzen orthodoxen Tradition - welche die relative Ordination stets als einziges System bewahrt hat - wie auch der römisch-katholischen, die trotz der Annahme des Systems der absoluten Ordination mit der Lehre vom »*character indelebilis*« immer anerkannt hat, daß eine strukturelle Priorität des Sakramentes über das Wort und der Weihe über die Jurisdiktion besteht. Diese Tatsache wurde durch die Lehre des Zweiten Vatikanischen Konzils bestätigt, die das Attribut der Kirchlichkeit nur denjenigen christlichen Gemeinschaften zuerkennt, in denen das Wort strukturell an wenigstens eines der Sakramente, nämlich jenes der Taufe, gebunden ist. Das ohne jeden sakramentalen Bezugspunkt verkündete Wort verliert in der Tat seine kirchliche Dimension und Wirksamkeit. Es gibt keine Kirche und keine Institution in der Kirche ohne Taufe, das heißt ohne Sakrament.

Im Unterschied zum Wort, das in sich selbst die spezifischen materialen Elemente des sakramentalen Zeichens nicht enthält, impliziert das Sakrament stets das Wort als integralen Bestandteil seiner selbst. Das symbolische Zeichen wird in der Tat erst unter der Bedingung zum Sakrament, daß das Wort dessen übernatürliche Bedeutung wenigstens vermittels der sakramentalen Formel zum Ausdruck bringt. Während das Wort imstande ist, die »*sacra potestas*« gegenüber dem Sakrament auf relativ autonome Weise wirksam werden zu lassen, ist das Sakrament konzeptuell ohne das Wort nicht denkbar. Die Verknüpfung des übernatürlichen symbolischen Zeichens mit dem Wort im Sakrament erklärt, weshalb die Annahme möglich ist, wonach die ganze »*sacra potestas*« vom Weihesakrament übertragen wird.[19] Auf diesem Hintergrund wird ver-

---

19 Als Beispiel, wie aufgrund dieser These eine organische und homogene Lösung sämtlicher spezifisch rechtlicher Probleme möglich wäre, ohne dabei auf bequeme

ständlich, warum die Kirche nicht verhindern kann, daß Sakrament und Wort auch außerhalb der *»communio plena«* ihre Wirksamkeit entfalten.

Die Anerkennung der Existenz anderer getrennter Kirchen oder einfach kirchlicher Gemeinschaften setzt voraus, daß das außerhalb der *»communio plena«* mit der katholischen Kirche gefeierte Sakrament und das verkündete Wort gültig sind, selbst wenn sich ihr sakramentaler und doktrinaler Gehalt auf wenige wesentliche Elemente beschränken würde (z. B. Taufe und Gottheit Christi).

Wie sich die Kirche Christi entsprechend unterschiedlichen Inhalts- und Gemeinschaftsstufen verwirklicht, so entfaltet sich die *»sacra potestas«* gemäß verschiedenen Wirkgraden in den einzelnen getrennten Kirchen und den einzelnen kirchlichen Gemeinschaften. Im Fall einer Verarmung der Kirchlichkeit sowohl im sakramentalen wie auch im doktrinalen Bereich (das heißt des Wortes) wird auch die Heilswirkung der *»sacra potestas«* gemindert.

In dem Maße, als Wort und Sakrament bezüglich ihres Inhaltes nicht vollständig sind, schaffen sie nach der katholischen Lehre eine kirchliche Realität, in welcher sich die *»communio plena«*, das heißt die Kirchlichkeit, unvollkommen verwirklicht. Vermöge göttlichen Rechts haben das Bischofskollegium und der Papst als dessen Haupt die Aufgabe, Bezugspunkt der vollen Gemeinschaft zu sein, da sie *per definitionem* mit der Fülle der *»sacra potestas«* ausgestattet sind. Dies bedeutet nicht, daß die *»potestas«* des Kollegiums und jene des Papstes von der der einzelnen Bischöfe quantitativ verschieden ist, weil das von den einzelnen Bischöfen gefeierte Sakrament und das verkündete Wort materiell denselben Inhalt wie jenes des Papstes (bzw. des Kollegiums als solchen) aufweisen. Der Unterschied ist qualitativ, das heißt formal in dem Sinne, als einzig das Bischofskollegium und der Papst die letztgültige Autorität darstellen, die kraft ihres Amtes in der Kirchenverfassung berufen sind, als letzte Instanz zu beurtei-

---

voluntaristische Lösungen zurückzugreifen, vgl. E. Corecco: Natur und Struktur, a.a.O. 369ff.

len, ob Sakrament oder Wort der einzelnen Bischöfe inhaltlich ausreichen, um die »*communio plena*« verwirklichen zu können. Dies hängt mit der Tatsache zusammen, daß nur das Bischofskollegium als solches sowie der Papst die kirchlichen Verfassungsorgane sind, die nicht die Teilkirche, sondern die Universalkirche unmittelbar repäsentieren.[20]

Die »*communio*« als fundamentale Realität der kirchlichen Verfassung ist jene kirchliche Wirklichkeit, die existiert oder nicht existiert, die aber in ihrer Existenz und in ihrer Authentizität allein von demjenigen festgestellt und beurteilt werden kann, der mit der Fülle der »*sacra potestas*« ausgestattet ist.

In der Feststellung der Existenz der Gemeinschaft kraft seiner »*sacra potestas*« äußert sich der Papst vor allem gemäß der dem Wort eigenen Modalität, das heißt gemäß jener der »Hirtengewalt« eigenen Kommunikationsstruktur und Logik. Dies bedeutet, daß die »*sacra potestas*« und die »*communio*« als Realitäten nicht identisch sind. Die »*communio*« ist einesteils die kirchliche und theologische Realität, innerhalb derer sich die »*sacra potestas*« bewegen muß, um in ihrer Ganzheit

---

[20] Wenn einerseits unter dem systematisch-doktrinalen Gesichtspunkt es relativ leicht ist, die Tatsache einsichtig zu machen, daß das Bischofskollegium, zusammen mit dem Papst, mit der »*plena et suprema potestas*« ausgestattet ist - um so der Bezugspunkt der »*communio*« zu sein-, so ist es andererseits nicht einfach, die ekklesiologische Begründung für ebendieses Faktum im Hinblick auf den Papst unter Absehung vom Bischofskollegium zu finden. Während in der Tat die Möglichkeit besteht, die hierarchische Struktur der Partikularkirche von der hierarchischen Struktur der Eucharistie abzuleiten, an deren Spitze der Bischof steht, kann dies nicht in gleicher Weise für den Papst als Inhaber des Jurisdiktionsprimates getan werden, da das Sakrament der Eucharistie sich immer auf gleiche Weise für alle Bischöfe verwirklicht. Die Berufung auf die den Primat betreffenden Texte des Neuen Testaments entscheidet letztlich über die Substanz dieser Frage. Doch kann dies gleichwohl nicht die Tatsache beseitigen, daß der unbefriedigende Zustand bestehen bleibt, auf eine voluntaristische Lösung, das heißt auf den Willen Christi sich berufen zu müssen, solange die Theologie nicht imstande ist, eine Primatslehre auszuarbeiten, die sie als organisch vom »*nexus mysteriorum*« der übrigen ekklesiologischen Gegebenheiten ableitet. Ein erster Versuch, den Jurisdiktionsprimat des Papstes theologisch zu rechtfertigen, ohne in voluntaristische Lösungen zu verfallen, wurde neuerdings unternommen in der Dissertation von A. Carrasco Rouco: *Le primat de l'évêque de Rome. Étude sur la cohérence ecclésiologique et canonique du primat de juridiction*, Fribourg (Suisse) 1990.

wirksam zu werden, anderenteils stellt sie aber auch die Realität dar, welche eben durch die *»sacra potestas«* geschaffen wird. Die *»communio«* ist also der kirchlichen *»potestas«* des geweihten Amtsträgers vorangehend und nachfolgend zugleich, dessen genaue institutionelle Position in der Kirchenverfassung von ihr definiert wird. In welchem Verhältnis steht diese Position des Amtsträgers zum »nicht-institutionellen« Element des Charismas und wie unterscheidet sie sich davon?

III. Die rechtliche Bedeutung des Charismas

In diesem Rahmen mag es genügen, über die rechtliche Bedeutung des Charismas in summarischer Weise einige kurze Erwägungen anzustellen.[21]

Der Begriff *»chárisma«*, welcher von der Literaturkritik als dem außerbiblischen Wortschatz fremd erachtet wird, wurde vom Apostel Paulus als ein semantisch alternatives Wort geprägt, um die Christen von Korinth über das Wesen des in ihrer Kirche erfahrenen und von ihnen mit dem hellenistischen Terminus *»pneumatiká«* beschriebenen außerordentlichen Phänomens des Heiligen Geistes zu belehren.[22] Paulus schreibt diesem neuen Begriff eine klare christologische und ekklesiologische Bedeutung zu. Es ist offensichtlich, daß in der paulinischen Ekklesiologie das charismatische Element zum Wesen des Mysteriums der Kirche und der christlichen Erfah-

[21] Eine ausführliche Auseinandersetzung mit dieser Frage findet sich bei L. Gerosa, a.a.O. 204-223.

[22] Alle siebzehn neutestamentlichen Texte, in denen das Wort »Charisma« aufscheint, gehören zu den paulinischen Schriften mit Ausnahme von 1 Petrus 4,10. Daß dieser Begriff in den Evangelien und in den anderen neutestamentlichen Schriften nicht verwendet worden ist und sein Vorkommen auch bei den Apostolischen Vätern unerheblich ist, dürfte ein Anzeichen dafür sein, daß die Frage der Charismen nur selten in der Verkündigung der Urkirche aufgeschienen ist. Für eine eingehende Analyse aller biblischen Stellen bezüglich des Charismas sei außer der Schrift von L. Gerosa, a.a.O., auch auf meinen Artikel verwiesen: Carisma, in: *Digesto. Discipline Pubblicistiche II*, Torino ^{4}1987, 504-508.

rung gehört. Trotzdem hat sich die Theologie dennoch fortwährend die Frage gestellt, ob Paulus mit der Lehre über die Charismen lediglich die Idee eines Werkes des Heiligen Geistes im Schoße der Kirche ausdrücken wollte, die von den Christen ein ethisches Verhalten fordert, oder ob bei ihm - wie noch stärker in den Pastoralbriefen - die Vorstellung vorherrschend war, daß das Charisma ein konstitutives Element der Kirchenordnung als solcher und daher ein verfassungsmäßiges ist. Hat der Völkerapostel im Charisma ein Element des moralischen und spirituellen Lebens des Christen oder ein Organisationsmodell der christlichen Gemeinschaft zu bestimmen beabsichtigt?

Bezüglich dieser Interpretation haben sich die protestantische und katholische Tradition geschieden.[23] Während die protestantische Lehre immer dazu geneigt hat, das Weihepriestertum als Charisma zu definieren, um davon den sakramentalen Ursprung auszuschließen, hat die katholische Lehre das Charisma vorwiegend aus einer mystisch-spirituellen Optik bewertet und dabei die sakramental-institutionelle Struktur der Kirchenverfassung einseitig hervorgehoben. Eine heute im Gang befindliche Konvergenz dieser beiden Auffassungen geschieht auf protestantischer Ebene im Wiedergewinnen des Charismas als grundlegenden Elements der Kirchenverfassung. Das Lehramt selbst hat dazu mit der Enzyklika »*Mystici Corporis*« und vor allem mit dem Zweiten Vatikanischen Konzil, dessen Texte über die Charismen einen außerordentlichen Reichtum offenbaren, einen sehr wichtigen Beitrag geleistet.[24] Diese Konvergenz läuft auf eine fortschreitende Aufhebung der erklärten Antinomie zwischen Natur und Übernatur, Glaube und Vernunft, Liebe und Gesetz, Charisma und Institution hinaus.[25]

---

[23] Vgl. zu diesem Thema den aufschlußreichen Beitrag von L. Sartori: Carismi e ministeri, in: *Dizionario Teologico Interdisciplinare I* (1977), 504-516.

[24] Zur Analyse der diesbezüglichen Texte vgl. L. Gerosa, a.a.O. 61-70, und G. Rambaldi: Uso e significato di »Carisma« nel Vaticano II. Analisi e confronto di due passi conciliari sui carismi, in: *Gregorianum* 66 (1975) 141-162.

[25] Der auf katholischer Seite zur Zeit radikalste Versuch besteht darin, die Begriffe des Problems umzukehren. Es handelt sich dabei nicht einfach um die Anerken-

Wenn man im Gefolge Max Webers[26] vom vorwiegend soziologisch bestimmten Begriff des Charismas in der modernen Kultur absieht (nach Weber bezeichnen 'Charisma' und 'charismatisch' jegliche spirituelle oder kulturelle Kraft, die fähig ist, eine *»leadership«* jedweder Art zu begründen), so ist hervorzuheben, daß im modernen theologischen Lexikon dieser Begriff eine immer größere christologische und ekklesiologische Bedeutung gewonnen hat. Dies geschah auf zweifache Weise: Einerseits waren besonders von der Scholastik konzeptuelle Ausarbeitungen bereitgestellt worden, die die Unterscheidung zwischen dem Charisma und den anderen Formen

---

nung dessen, daß kein struktureller Gegensatz zwischen Charisma und Institution besteht und daß beide von Gott und dem Heiligen Geist als einer einzigen Quelle hervorgehen, sondern um die Behauptung, daß dieselbe Sakramentalität und dieselben Ämter ursprünglich charismatisch sind. Diese These, zuerst von Hans Küng (Die charismatische Struktur der Kirche, in: *Concilium* 1 [1965] 282-290) unter dem starken Einfluß des protestantischen Exegeten Ernst Käsemann aufgeworfen, ist ekklesiologisch von einem Schüler des Tübinger Theologen (G. Hasenhüttl: *Charisma. Ordnungsprinzip der Kirche*, Freiburg-Basel-Wien 1969) und aus religionssoziologischer Perspektive von einem berühmten Vertreter der Befreiungstheologie (L. Boff: *Igreja: Carisma e Poder*, Petropolis 1981) entwickelt worden. Für eine kritische Analyse aller dieser Werke siehe L. Gerosa, a.a.O. 31-44. Hier mag die Anmerkung genügen, daß in der soeben dargelegten theologischen Perspektive die sakramentalen Ämter nur das Ergebnis der von der Kirche *a posteriori* vorgenommenen offiziellen historischen Beglaubigung wären, mit der die kirchliche Autorität in mehr oder weniger definitiver Weise die für den Aufbau und die Leitung der Kirche sich als funktionstüchtig erwiesen habenden Charismen festgelegt hat. Die Voraussetzung dieser These besteht in der Behauptung, daß die Kirche eine grundsätzlich charismatische Struktur aufweise. Daß die Dynamik dieses Aufwertungsprozesses mit einer - in Theologie und Praxis einer gewissen zeitgenössischen protestantischen Richtung in Gang befindlichen - ähnlichen Neubewertung gerade in Hinblick auf die Ämter einhergeht, dürfte als bewiesen gelten. Als Beispiel dieser fortschreitenden Institutionalisierung des Charismas kann in der Vergangenheit die Institution der niederen Weihen, wie z. B. das Exorzistat, angesehen werden, und in Zukunft könnte es die Anerkennung neuer klerikaler und laikaler kirchlicher Dienste mit einem mehr oder weniger erklärt sakramentalen Charakter sein (vgl. K. Rahner: Das Charismatische in der Kirche, in: *LThK II*, 1027-1030). Schließlich darf nicht vergessen werden, daß in dieser These der Begriff des Charismas gemäß einer grundlegenden Bedeutung gebraucht wird, die für alle aus dem Wirken und den Gaben des Heiligen Geistes hervorgegangenen Formen gültig ist, so daß dieser Begriff auf Christus selbst und die Kirche anwendbar ist, ohne dabei den in der Zwischenzeit von der Theologie bestimmten formalen und materialen Unterscheidungen Rechnung zu tragen.

26 Vgl. *Gesammelte Aufsätze zur Religionssoziologie I-III*, Tübingen 1920.

des Wirkens des Heiligen Geistes erlaubt haben; andererseits hat man sich auf die charismatische Erfahrung alter oder neuer kirchlicher Vereinigungsformen und Bewegungen besonnen.

Die vom II. Vatikanum bestätigte Substanz der scholastischen Unterscheidungen macht deutlich, daß der heute von manchen vorgebrachte Vorschlag, die mutmaßliche Antinomie zwischen Charisma und Institution dadurch zu lösen, daß man einen grundlegenden Begriff von Charisma und eine evolutive Bedeutung von Sakrament gebraucht, theologisch diskutabel erscheint und zudem der Entwicklung einer »*communio*«-Ekklesiologie abträglich ist. Der Rekurs auf diese beiden Begriffe ist übrigens nicht imstande, die historisch bedingte doktrinale Spannung zwischen Charisma und Institution aufzuheben. Taufe und Weihe, wie übrigens alle anderen Sakramente, bleiben institutionelle Elemente, die ihren mittelbaren oder unmittelbaren Ursprung in der Inkarnation Christi haben und in deren Existenz und Wesen die Kirche nur beschränkt eingreifen kann. Deshalb scheint die Möglichkeit theologisch nicht gerechtfertigt, daß die Kirche die Charismen institutionalisiert, indem sie ihnen eine eigene sakramentale Struktur zuteilt, wie zum Beispiel Küng in Deutschland und Sartori in Italien vorschlagen. Auch bei der Hypothese, daß sich die Berufung Christi zum Heil allgemein als ein im Heiligen Geist gegebenes Charisma bestimmen ließe, ist es dennoch vonnöten, die theologischen Konzepte auseinanderzuhalten. Wort und Sakrament sind tatsächlich eine ontologische Teilnahme an der Person Christi; dagegen fordern die Charismen des Heiligen Geistes die Existenz der institutionellen Struktur der Kirche, die im Wort und im Sakrament gründet. Der Heilige Geist greift in die Heilsökonomie nicht ein, indem er von der durch Christus der Kirche zugeteilten institutionellen Struktur absieht. In der Tat ist die Kirche »*Ecclesia Christi*« und nicht die Kirche des Heiligen Geistes. Deshalb kann man der Kirche nicht in derselben Weise Christus und den Heiligen Geist zuteilen. In der Umkehrung dieser Zuteilung greift man das Wesen des trinitarischen Geheimnisses selbst an.

Zur Überwindung der Antinomie zwischen Charisma und Institution, wie sie in den ekklesiologischen Entwürfen von Luther und Rudolf Sohm[27] verwurzelt ist, scheint es nicht nötig, der Kirche eine ausschließliche charismatische Grundstruktur zuzuschreiben. Hingegen ist es erforderlich, einerseits die ekklesiologische Bedeutung der Institution zurückzugewinnen, andererseits die kanonische Bedeutung des Charismas zu vertiefen, indem man es näher auf seine juristischen Implikationen hin analysiert. Paradoxerweise findet letztere Aufgabe eine stärkere Stütze in der charismatischen Erfahrung der neuen kirchlichen Vereinigungsformen und Bewegungen als im neuen *Codex Iuris Canonici* selbst.

In der Tat hat sich der *CIC* der Aufgabe entzogen, bis zum Zentrum der Verfassungsstruktur der Kirche vorzudringen und somit das Problem des Charismas anzugehen, indem er sich dem wiederholten Einwand beugte, daß das Charisma unter rechtlichem Aspekt unerheblich sei. Damit vergißt aber der *CIC*, daß der Gläubige nicht nur auf der Struktur des Taufsakramentes gründet, dank dessen er mit dem allgemeinen Priestertum und dem *»sensus fidei«* ausgestattet ist, sondern auch auf der Fähigkeit, Träger eines Charismas zu werden. Ohne die prinzipielle Fähigkeit, Träger eines Charismas zu sein, bliebe der Gläubige (und folglich auch das ganze Volk Gottes) in seinem kirchlichen wie rechtlichen Personsein schwer benachteiligt. Deswegen zögerte das II. Vatikanum nicht, unter den Grundrechten der Gläubigen jenes der Ausübung der Charismen anzuerkennen (*AA* 3,4). Im CIC hingegen - obwohl Hinweise auf den Heiligen Geist nicht fehlen[28] -

---

[27] In der Tat behauptet der berühmte protestantische Kanonist: »Das Kirchenrecht steht mit dem Wesen der Kirche in Widerspruch« (*Kirchenrecht I*, Leipzig 1892, 1 und 700).

[28] So zum Beispiel in can. 879 in bezug auf das Sakrament der Firmung; in can. 369 als Kohäsionskraft der Partikularkirche; in can. 375 § 1 als konstitutives Element der apostolischen Sukzession; oder in can. 747 § 1 in Zusammenhang mit dem Beistand für das kirchliche Lehramt. Eine klare Bezugnahme auf die »Gaben des Heiligen Geistes« scheint in der Norm über die Institute des geweihten Lebens (can. 573-746) auf, doch muß man der Tatsache Rechnung tragen, daß dieser Ausdruck (can. 605) zusammen mit anderen wie *»donationes«* (can. 577) oder *»patrimonium instituti«* (can. 631 § 1) vom Gesetzgeber ganz offensichtlich als

ist der Begriff »Charisma« rücksichtslos gestrichen worden, der im vorbereitenden Schema von 1982 noch gut siebenmal aufgeschienen war.[29]

Die daraus folgende normative Unausgewogenheit wurde wenigstens zum Teil auf doktrinaler und pastoraler Ebene von der Bischofssynode 1987 zurückgenommen, die - wie das Apostolische Mahnschreiben »*Christifideles Laici*« belegt - den charismatischen Ursprung des sogenannten »neuen assoziativen Frühlings« der Kirche vollauf anerkannt hat.[30]

---

eher unbedeutend wenn nicht in einem geradezu völlig unterschiedlichen Sinn beibehalten und absichtlich gewählt worden ist, um den Begriff »Charisma« zu ersetzen. Doch gerade aufgrund dieser wiederholten Hinweise auf das Wirken des Heiligen Geistes kann man schlußfolgern, daß es trotz der bedauerlichen drastischen Streichung des Begriffes »Charisma« nicht gelungen ist, das »charismatische Prinzip« des kanonischen Systems völlig auszumerzen (vgl. G. Chantraine: La Chiesa come comunicazione e movimento, in: *I laici e la missione della Chiesa*, Milano 1987, 27-46, bes. 32-37).

29 Allerdings waren die Charismen in diesem Schema ausschließlich den Mitgliedern der Institute des Geweihten Lebens vorbehalten im Gegensatz zu den Konzilstexten, wo die Charismen immer allen Gläubigen als solchen zugeteilt werden. Die Verlegenheit des kirchlichen Gesetzgebers gegenüber der Wirklichkeit des Charismas ist deshalb doppelt evident. Doch wird dieses negative Urteil über die Streichung des Begriffes Charisma aus der kanonischen Rechtsordnung durch den Umstand gemildert, daß der *CIC* im Gegensatz zu den vorbereitenden Entwürfen bis 1980 den Instituten des Geweihten Lebens verfassungsmäßigen und nicht einfach vereinsrechtlichen Charakter zuerkannt hat. Im Anschluß an das II. Vatikanum hat der *CIC* - ohne die althergebrachte »*quaestio disputata*« um den Ursprung der evangelischen Räte aus dem »*ius divinum*« lösen zu wollen, die auf jeden Fall eine institutionalisierte Form des Charismas darstellen - die verfassungsrechtlich-ekklesiologische Dimension dadurch zu verstärken versucht, daß er die evangelischen Räte nicht nur als »zum Leben und zur Heiligkeit der Kirche« (can. 207 § 2) zugehörig erklärt, sondern indem er auch eindeutig hervorgehoben hat, daß diese »ein göttliches Geschenk (sind), das die Kirche vom Herrn empfangen hat« (can. 575).

30 Vgl. Johannes Paul II.: *Christifideles Laici*, Nr. 24, 29 und 34. Schon vor diesem Mahnschreiben wurde vom Papst die kirchliche Funktion dieser Bewegungen aufgrund ihres charismatischen Ursprungs als »unersetzlich« gewürdigt (vgl. Johannes Paul II.: Discorso del Santo Padre, in: *I Movimenti nella Chiesa. Atti del II Colloquio Internazionale*, Milano 1987, 23-26, bes. 24). Dies bestätigt, wie jede Form kirchlicher Vereinigung, die aus dem Gehorsam gegenüber dem »Urcharisma« des Gründers bzw. der Gründerin hervorgegangen ist, immer von einer starken Erfahrung der »*communio fidelium*« gekennzeichnet ist, so als ob sie eine konkrete familiäre Realität wäre, in der sich das Geheimnis der Kirche entfaltet. Das »Urcharisma« ist also eine besondere Gabe des Heiligen Geistes, die eine konkrete Brüderlichkeit hervorruft und deren Seinsgrund mit dem sogenann-

Zwei Texte des II. Vatikanischen Konzils bilden eine präzise Bestätigung der verfassungsrechtlichen Bedeutung des Charismas. Erstens: *LG* 12,2, wo behauptet wird, daß die Charismen dem Urteil der Hirten unterstehen, und wo man die Bischöfe verpflichtet, die Gaben des Geistes nicht auszulöschen. Zweitens: *AG* 29,3, wo das Charisma als Grundlage der Pflichten und Rechte zur Teilnahme aller Gläubigen an der Verkündigung des Evangeliums vorausgesetzt wird. Die rechtliche Bedeutung des Charismas zeigt sich demnach ganz klar in der Tatsache, daß das Charisma - parallel zu den Rechten und Pflichten der Gläubigen - eine unüberwindliche Schranke bei der Ausübung der »*sacra potestas*« seitens der Hirten errichtet.[31] Die Hirten haben nicht nur die Verantwortung, die Echtheit der Charismen zu beurteilen, sondern vor allem auch deren Existenz und die effektive Möglichkeit ihrer Ausübung zu gewährleisten.

Die drei verfassungsrechtlich relevanten Thesen bezüglich des Charismas sind also: erstens, daß das Charisma als besondere Gabe zu bewerten ist, die der Geist zum Aufbau der kirchlichen Gemeinschaft verleiht; zweitens, daß das Charisma - sofern vorhanden - eine der ekklesiologischen Grundlagen der Pflichten und Rechte der Gläubigen ist, an der Mission der Kirche mitzuarbeiten; drittens, daß das Charisma gegenüber der Ausübung der »*sacra potestas*« eine präzise Abgrenzung darstellt. Diese Thesen zeichnen nicht nur ein erstes, ziemlich klares rechtliches Profil des Charismas, sondern sie geben auch Anlaß zu einigen abschließenden Erwägungen über dessen verfassungsrechtliche Beziehungen zum Amt und zur ganzen Institution in der Kirche.

---

ten »allgemeinen apostolischen Ziel der Kirche« (Vaticanum II, *Apostolicam Actuositatem* 19,1) ineinsfällt, das von seiner Natur her missionarisch ist.

31 Vgl. E. Corecco: Aspekte der Rezeption des Vaticanum II im neuen Codex Iuris Canonici, in: *Die Rezeption des Zweiten Vatikanischen Konzils*, hg. von H. J. Pottmeyer/G. Alberigo/J.-P. Jossua, Düsseldorf 1986, 313-368.

IV. Abschließende Erwägungen

Erstens: Die Wechselseitigkeit zwischen Amt, Institution und Charisma ist vor allem verfassungsrechtlicher und nicht nur praktischer oder pastoraler Natur. Die kurze kanonistische Analyse der beiden Begriffe hat bewiesen, daß »Amt« und »Charisma« zwei konstitutive Elemente der Kirchenverfassung als solcher sind.[32] Beide weisen inhaltlich durch die Schaffung der kirchlichen Gemeinschaft als Ort der Heiligung des Menschen eine starke Affinität auf und sind daher ineinander verschränkt.

Zweitens: Die Wechselseitigkeit zwischen Charisma und Amt kann aber nicht auf die Beziehung zwischen Charisma und Institution beschränkt werden, wie dies herkömmlicherweise verstanden wird, weil die Institution nicht auf die Hierarchie oder das Weihesakrament reduzierbar ist. Die beiden Pole der kirchlichen Institution sind, wie wir gesehen haben, sowohl das allgemeine als auch das Weihepriestertum. Das Binom Charisma-Amt ist unterschieden aber nicht trennbar vom Binom Charisma-Allgemeines Priestertum. Beide Formen der Teilnahme an dem einzigen Priestertum Christi finden in der Tat ihren Ursprung und ihre Quelle im Wort und im Sakrament. Dies bedeutet, daß die rechtliche und verfassungsmäßige Eigenart des Charismas in der Kirche auch in bezug auf das allgemeine Priestertum weiter zu untersuchen ist.

Drittens: Es ist inzwischen klar geworden, daß der chronologische Ursprung von Wort und Sakrament das Fundament für deren rechtlich verbindliche Kraft in bezug auf die Bildung der kirchlichen »*communio*« ist. Nach dem Zweiten Vatikanischen Konzil erlaubt aber die wiederentdeckte pneumatologische Dimension von Wort und Sakrament, und daher der ganzen Kirche, auch eine angemessenere Realisierung der Einheit zwischen dem allgemeinen und dem Weihepriestertum, das

---

[32] Vgl. beispielsweise O. Semmelroth: Amt und Charisma, in: *Sacramentum Mundi I*, Freiburg-Basel-Wien 1967, 119-123; C.H. Ratschow: Amt. VIII: Systematisch-theologisch, in: *Theologische Realenzyklopädie II*, Berlin-New York 1978, 593-622.

heißt zwischen den beiden Polen der kirchlichen Institution. Dies gerade deswegen, weil das Charisma beiden verliehen werden kann und es zu dem Zweck gegeben wird, beide Pole der Institution aufeinander hinzuordnen. Mit Libero Gerosa, auf dessen einschlägige Abhandlung zu diesem Thema hier hingewiesen sei, ist festzuhalten, daß ohne diese allgemeine pneumatologische Dimension der Kirche »die kirchliche Institution unfruchtbar (bliebe). Im Gegenteil, je mehr ihre Manifestation die kirchliche Institution verstärkt, desto mehr erweist die pneumatologische Dimension ihre eigene Fähigkeit, das 'Sakramentale' mit dem 'Personalen', das 'Gemeinschaftliche' mit dem 'Subjektiven' zu verbinden (...). Die gegenseitige Integration von 'Personalem' und 'Gemeinschaftlichem', die beide von großer juristischer Relevanz sind, zeigt sich mit je verschiedener prophetischer Bedeutung und mit je verschiedener Intensität sowohl in der Ausübung des allgemeinen Priestertums aller Gläubigen, die den drei christlichen Lebensständen (Laien, Rätestand und Kleriker) angehören, als auch in der Ausübung des besonderen Priestertums«.[33]

Entscheidend ist aber, daß man immer darauf bedacht ist, die diesen beiden Polen der Institution gemeinsame pneumatologische Dimension zu entdecken und herauszustellen, da das Charisma eigentlich nichts anderes ist, als eine punktuelle und geschichtliche Ausfaltung der grundlegenden pneumatologischen Dimension der Kirche als solcher durch den Heiligen Geist.

[33] L. Gerosa, a.a.O. 175

Autorenverzeichnis

Richard Potz

Dr. iur., Ordinarius für Kirchenrecht an der rechtswissenschaftlichen Fakultät der Universität Wien.
Hauptforschungsgebiete: Theorie des kanonischen Rechts, kirchliche Institutionengeschichte, Ostkirchenrecht, Staatskirchenrecht, Rechtsanthropologie.

Alexander Hollerbach

Dr. iur., Ordinarius für Rechts- und Staatsphilosophie, Geschichte der Rechtswissenschaft und Kirchenrecht an der Universität Freiburg.
Hauptforschungsgebiete: Staatskirchenrecht, katholisches Kirchenrecht, Geschichte der Rechts- und Staatsphilosophie, neuere Wissenschaftsgeschichte der Jurisprudenz.

Harding Meyer

Dr. theol., D. D., Forschungsprofessor am Institut für Ökumenische Forschung, Straßburg.
Hauptforschungsgebiete: Ökumenische Theologie, Reformationsgeschichte (Luther), Vatikanum I.

Gisbert Greshake

Dr. theol., lic. phil., Professor für Dogmatik und Ökumenische Theologie an der Universität Freiburg i. Br.
Hauptforschungsgebiete: Dogmen- und theologiegeschichtliche Fragen der Eschatologie, Gnadenlehre und Ekklesiologie; Spirituelle Theologie.

Eugenio Corecco

Dr. iur. can., lic. theol., lic. iur. utr., Ordentlicher Professor für kanonisches Recht von 1971-1986 an der Theologischen Fakultät der Universität Fribourg (Schweiz). Seit 1986 Bischof der Diözese Lugano. Mitglied der Päpstlichen Kommission für die authentische Interpretation des CIC.
Hauptforschungsgebiete: Grundlegung einer Theologie und allgemeinen Theorie des kanonischen Rechts; Recht und Sakrament; »sacra potestas« und ihre Funktion in kirchlichen Institutionen; »communio«-Struktur der Kirche.